풀면 풀수록
자꾸만 똑똑해지는

어른을 위한 두뇌 놀이 책 플러스

개러스 무어 지음 | 정아림 옮김

한빛라이프

옮긴이 정아림

캘리포니아주립대에서 테솔 석사과정을 졸업하고 여러 학교와 영어 교육 기관에서 강사로 활동했다. 현재는 제주도에서 아이들을 위한 영어책 읽기 수업을 진행하고 있으며 다양한 영어 콘텐츠를 소개하고 번역하는 일을 하고 있다. 옮긴 책으로 『사랑해를 쓰는 40가지 방법』이 있다.

어른을 위한 두뇌 놀이 책 플러스

초판 발행 2022년 8월 1일
3쇄 발행 2023년 10월 23일

지은이 개러스 무어(Gareth Moore) / **옮긴이** 정아림 / **펴낸이** 김태헌
총괄 임규근 / **책임편집** 권형숙 / **기획편집** 윤채선 / **교정교열** 김수현 / **디자인** 김아란
영업 문윤식, 조유미 / **마케팅** 신우섭, 손희정, 김지선, 박수미 / **제작** 박성우, 김정우
감수 박수미, 양창숙, 양희범, 윤세은, 임은희, 정은영, 최민준, 최진

펴낸곳 한빛라이프 / **주소** 서울시 서대문구 연희로2길 62
전화 02-336-7129 / **팩스** 02-325-6300
등록 2013년 11월 14일 제25100-2017-000059호
ISBN 979-11-90846-45-5 04690 / 979-11-90846-47-9(세트)

한빛라이프는 한빛미디어㈜의 실용 브랜드로 우리의 일상을 환히 비추는 책을 펴냅니다.

이 책에 대한 의견이나 오탈자 및 잘못된 내용에 대한 수정 정보는 한빛미디어㈜의 홈페이지나 아래 이메일로 알려주십시오.
잘못된 책은 구입하신 서점에서 교환해 드립니다. 책값은 뒤표지에 표시되어 있습니다.
한빛미디어 홈페이지 www.hanbit.co.kr / 이메일 ask_life@hanbit.co.kr
한빛라이프 페이스북 facebook.com/goodtipstoknow / 포스트 post.naver.com/hanbitstory

저자 소개

개러스 무어 박사
Dr. Gareth Moore

세계 최고의 두뇌 게임 전문가이자 퍼즐 책 베스트셀러 작가입니다. 영국 케임브리지대학교에서 인공지능의 한 분야인 머신러닝으로 박사 학위를 취득했습니다. 어린이와 어른을 위한 두뇌 게임 및 퍼즐을 고안했으며 전 세계적으로 100권 이상의 두뇌 트레이닝을 위한 책을 펴냈습니다. 번역된 저서로 『어른을 위한 두뇌 놀이 책』, 『어른을 위한 두뇌 놀이 책 도전편』, 『셜록 홈스의 추리논리 퀴즈』, 『동물점잇기』, 『하루 10분 놀면서 두뇌 천재되는 브레인스쿨』 등이 있습니다.

독자에게 전하는 말

편한 곳에 기대어 앉아 이 책을 펼쳐보세요. 여러분이 생각하는 휴식이 스도쿠를 푸는 것이든, 평화롭게 색칠하는 것이든, 이 한 권 안에 다 있습니다. 단어 찾기 게임이나 한글 · 영어 낱말 퍼즐과 같은 언어 게임도 가득합니다.
주의를 산만하게 하는 모든 것들을 치우고 눈앞에 있는 이 책에만 오롯이 집중해봅시다. 여러분 앞에 펼쳐진 게임 외에는 아무것도 없는 것처럼요. 펜이나 색연필만 있다면 준비는 끝입니다. 그 외에 필요한 것들은 모두 책 안에 있어요.
가볍게 다른 그림 찾기나 숫자 연결하기 아니면 미로 찾기 중 하나로 시작해보면 어떨까요? 집중이 필요한 게임도 있지만 일하는 것처럼 힘든 강도는 아닙니다. 도전적인 문제를 좋아하는 분이라면 네모로직을 시도해보는 것도 좋습니다. 이 책의 퍼즐에 특별히 순서가 있는 건 아닙니다. 다만 뒤쪽으로 갈수록 더 복잡하고 변화 요소가 많습니다. 각 게임의 자세한 규칙은 다음 페이지에서 확인할 수 있고, 필요한 경우 책 뒤쪽의 정답을 참조하세요. 다양한 퍼즐을 풀면서 즐거운 시간 보내길 바랍니다!

개러스 무어 박사

들어가며

이 책에서 다루는 다양한 액티비티에 대한 설명입니다.

네모로직

스도쿠와 양대산맥을 이루는 퍼즐 게임으로 처음 보면 어려울 수 있지만 아래 설명을 보면 쉽게 이해할 수 있습니다. 이 책에서 다루는 네모로직은 30×30 칸으로 이루어져 있습니다. 이 로직을 풀 수 있을 정도면 이미 규칙을 알고 있을 것입니다. 하지만 혹시나 네모로직을 처음 접하는 사람들을 위해 간단히 설명합니다.

tip

- 가로축, 세로축의 숫자는 연속해서 칠해야 할 숫자를 의미합니다.
- 다음 그림에서 두 개의 숫자가 있는 칸이 있죠? 이때는 숫자와 숫자 사이에 꼭 한 칸 이상 띄우고 칠해야 합니다. 숫자가 여러 개일 때도 마찬가지고요. 각 숫자 사이는 한 칸 이상 띄워야 합니다.
- 본인이 판단했을 때 칠할 수 없는 칸은 X 또는 / 표시를 해두세요! 덜 헷갈립니다.

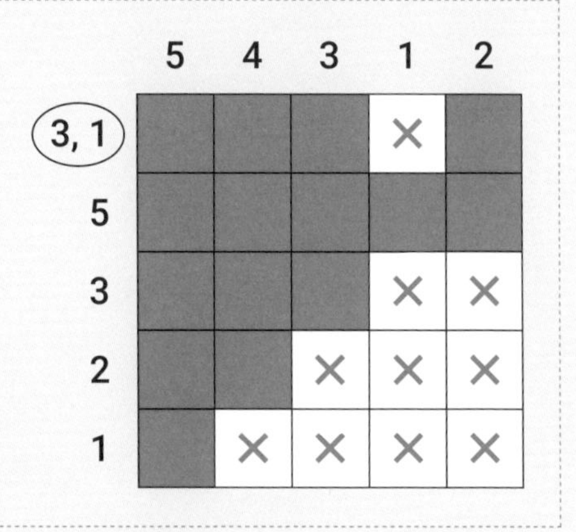

네모로직을 처음 접한다면 이 책에 있는 30×30 로직은 매우 풀기 어려울 수 있습니다. 규칙을 숙지한 후 휴대폰 게임 어플이나 다른 책을 통해 낮은 단계인 5×5 로직부터 훈련하고 나서 푸는 게 좋습니다.

숫자 연결하기

우선 ☆을 찾으세요. O를 만날 때까지 숫자 순서대로 점을 연결하세요. O를 만나면 새로운 ☆을 찾아 다시 시작하세요.

컬러링

원하는 대로 색칠해보세요. 머릿속이 차분해질 거예요.

낱말 퍼즐

영어 버전과 한글 버전 두 가지가 있습니다. 설명을 읽고 퍼즐을 완성해보세요. 영어 낱말 퍼즐은 해당 영어 단어를 쉽게 유추할 수 있도록 설명 글을 한글로 제시했습니다. 한글 낱말 퍼즐은 시사용어나 사자성어 또는 경제용어 등을 담았습니다.

미로 찾기

들어가는 화살표와 끝나는 지점에 유의해 미로를 풀어보세요.

다른 그림 찾기

두 그림을 비교하여 서로 다른 점을 표시해보세요. 다른 모양은 물론 크기, 색, 간격, 각도 등 매우 디테일한 부분까지 잘 살펴보아야 합니다. 그림 속 배경도 주의 깊게 살펴보세요.

스도쿠

스도쿠는 퍼즐계의 일인자라고 할 수 있을 정도로 남녀노소가 즐길 수 있습니다. 기본적으로 1부터 9까지의 숫자가 빈칸에 모두 하나씩 들어가야 합니다. 가로행, 세로열 그리고 굵은 선으로 표시된 3×3 네모칸 어느 곳에도 중복된 숫자가 들어갈 수 없습니다. 다음 그림과 같은 3×3의 사각형이 9개로 총 9×9, 81칸을 모두 채워야 완성됩니다.

tip

- 다음 그림처럼 3×3에 1~9의 숫자가 하나씩 들어갑니다.
- 다음 그림이 9개 모여 있는 9×9에서 가로행에 1~9 사이의 숫자가 하나씩, 세로열에도 1~9 사이의 숫자가 하나씩만 들어가야 합니다.

	1	7
2		
5		3

단어 찾기

여러 무의미한 알파벳의 나열 안에서 올바른 단어를 찾아보세요. 어느 방향이라도 상관없습니다. 가로, 세로, 정방향, 역방향, 대각선까지도요.

01 네모로직

그림 모양 힌트: 목마른 식물

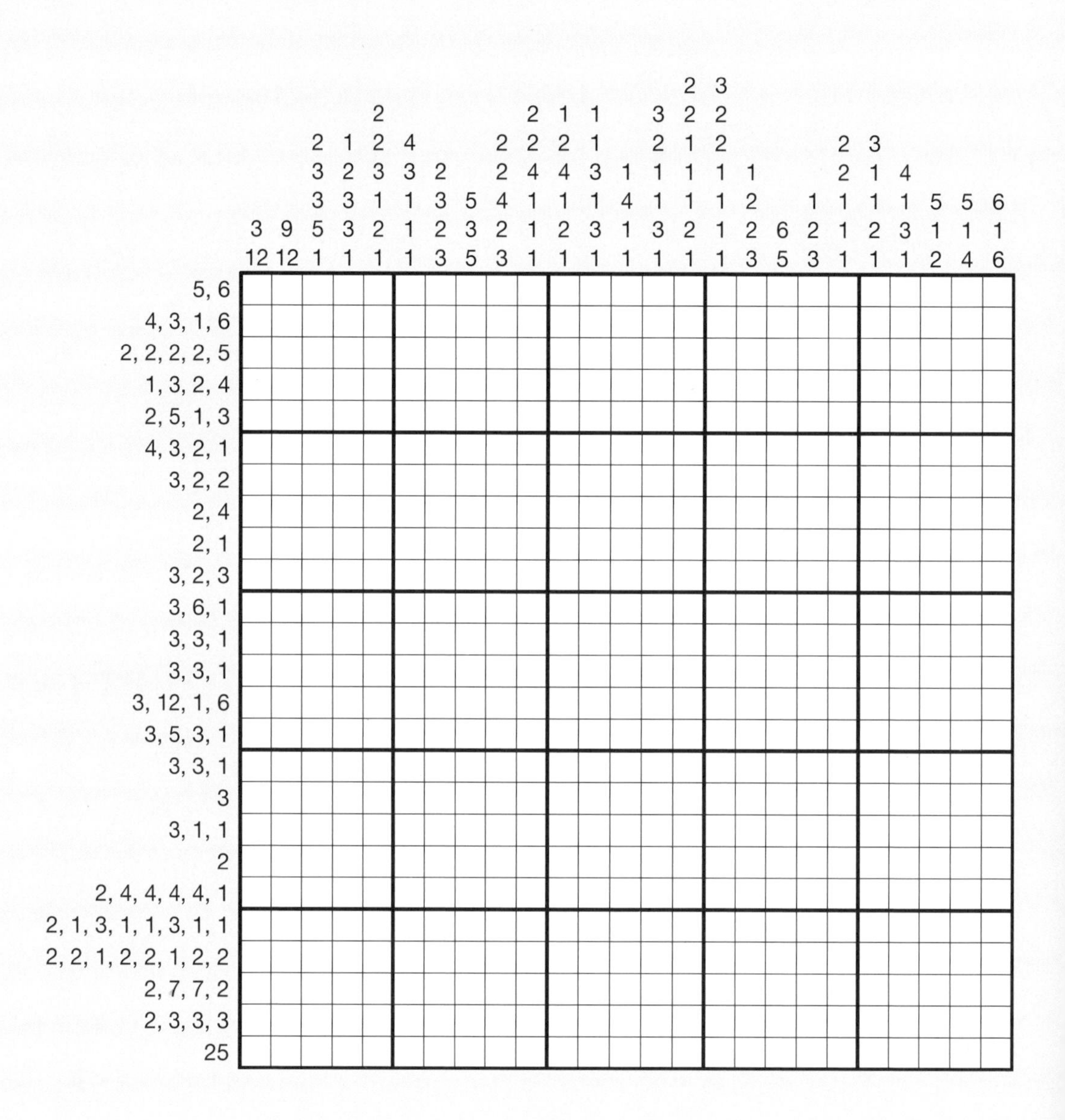

정답 98쪽

미로 찾기

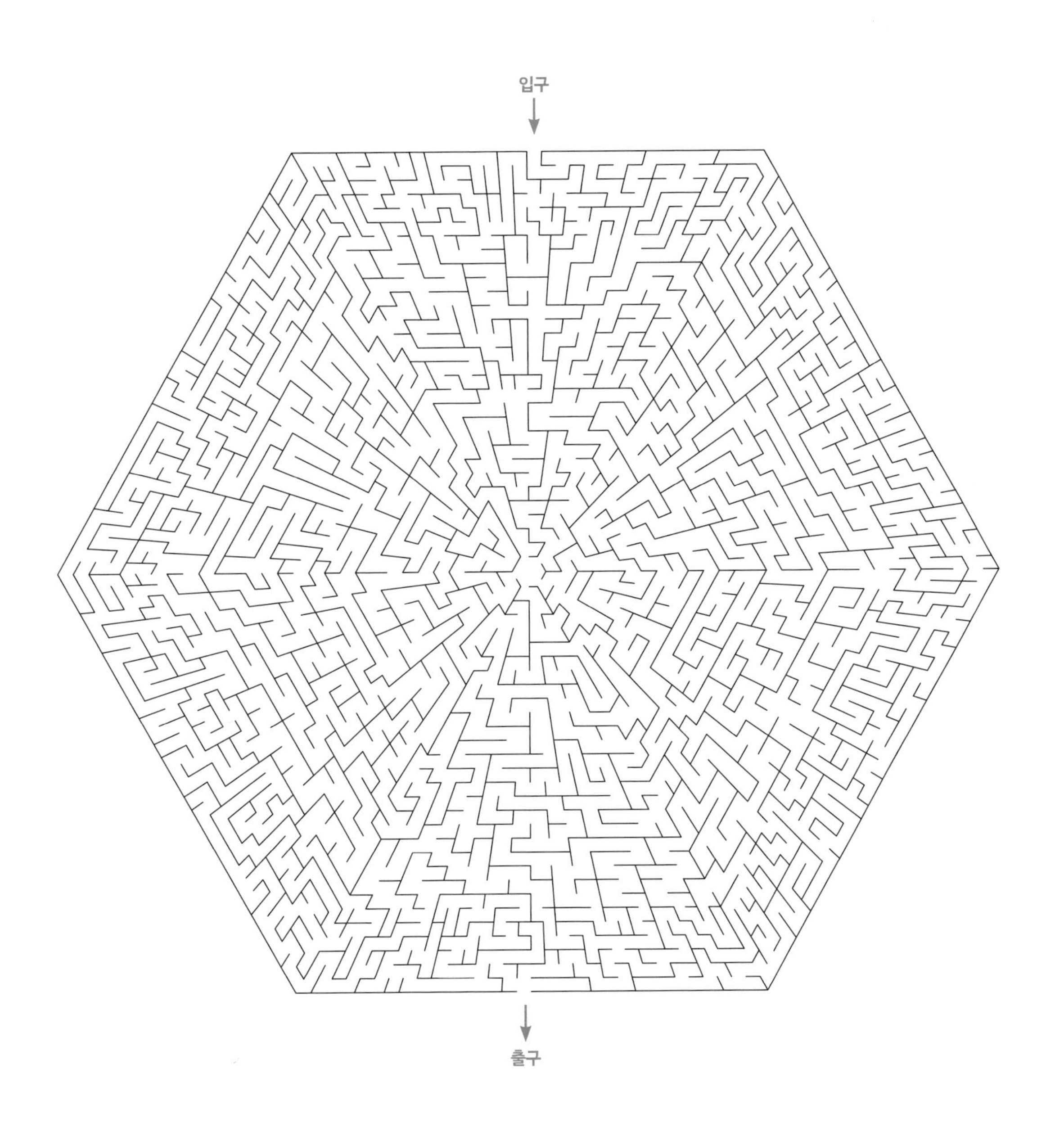

정답 98쪽

03 다른 그림 찾기

서로 다른 부분 **10군데**를 찾으세요.

정답 98쪽

04 스도쿠

2			8		7			1
		7				6		
	9			4			2	
9			4		3			8
		8				4		
4			2		9			3
	4			2			5	
		9				8		
6			3		4			7

정답 98쪽

05 스도쿠

			4		6			
	4		3		7		8	
		8		5		6		
4	8						5	9
		6		1		4		
7	2						6	8
		2		7		5		
	9		2		1		7	
			5		3			

정답 98쪽

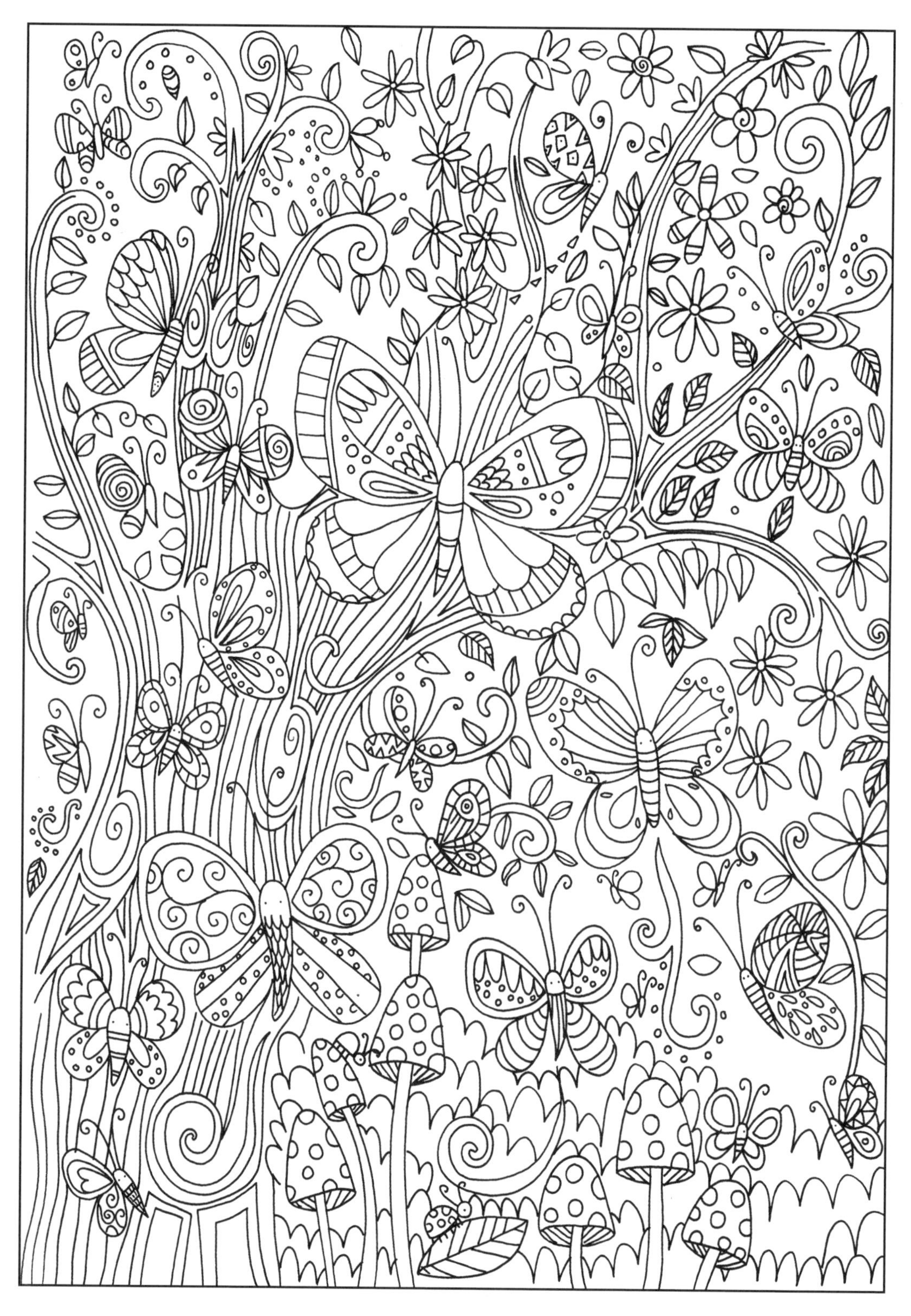

그림 모양 힌트: 숯불 앞에서

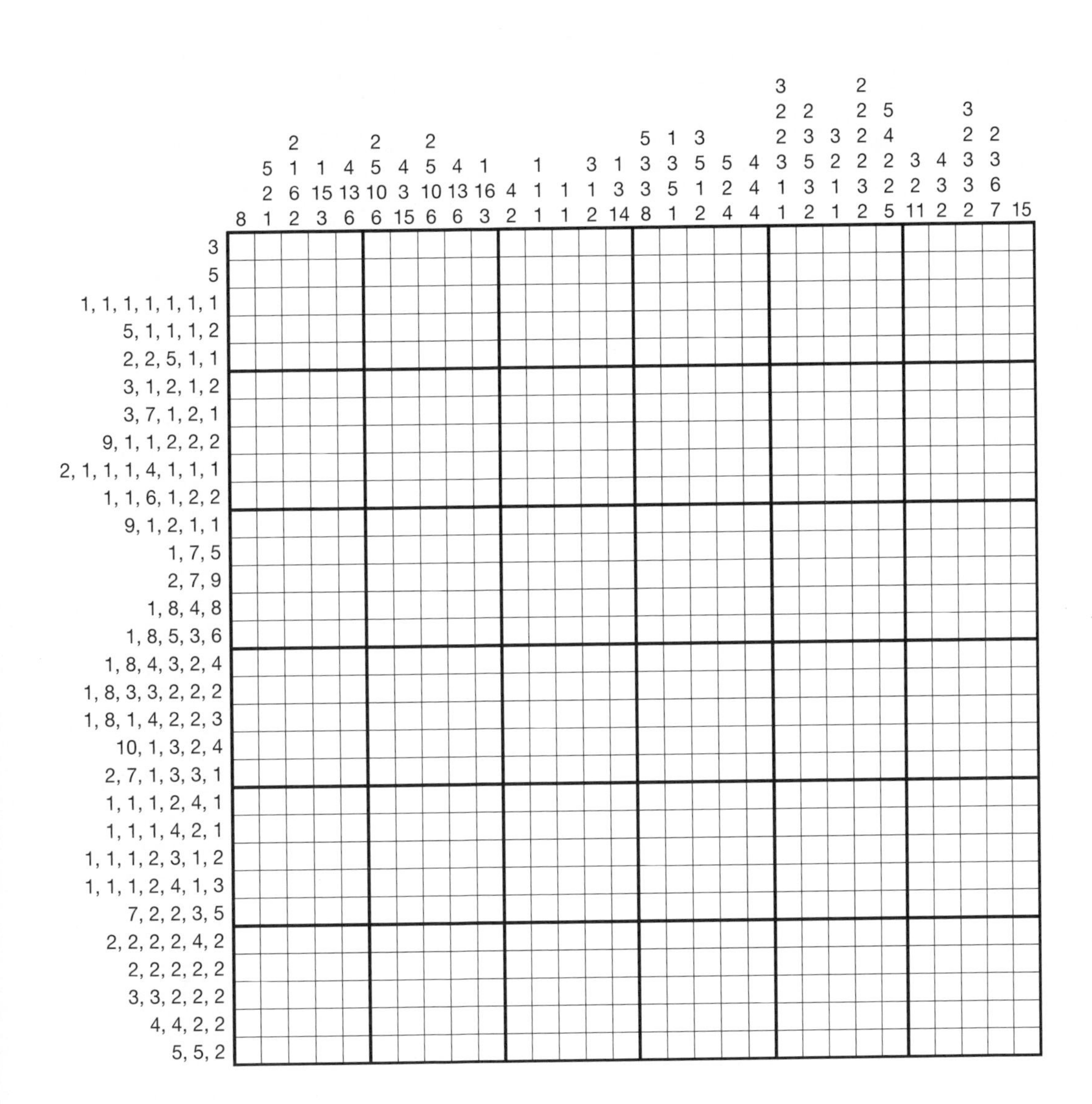

정답 98쪽

08 다른 그림 찾기

서로 다른 부분 **10군데**를 찾으세요.

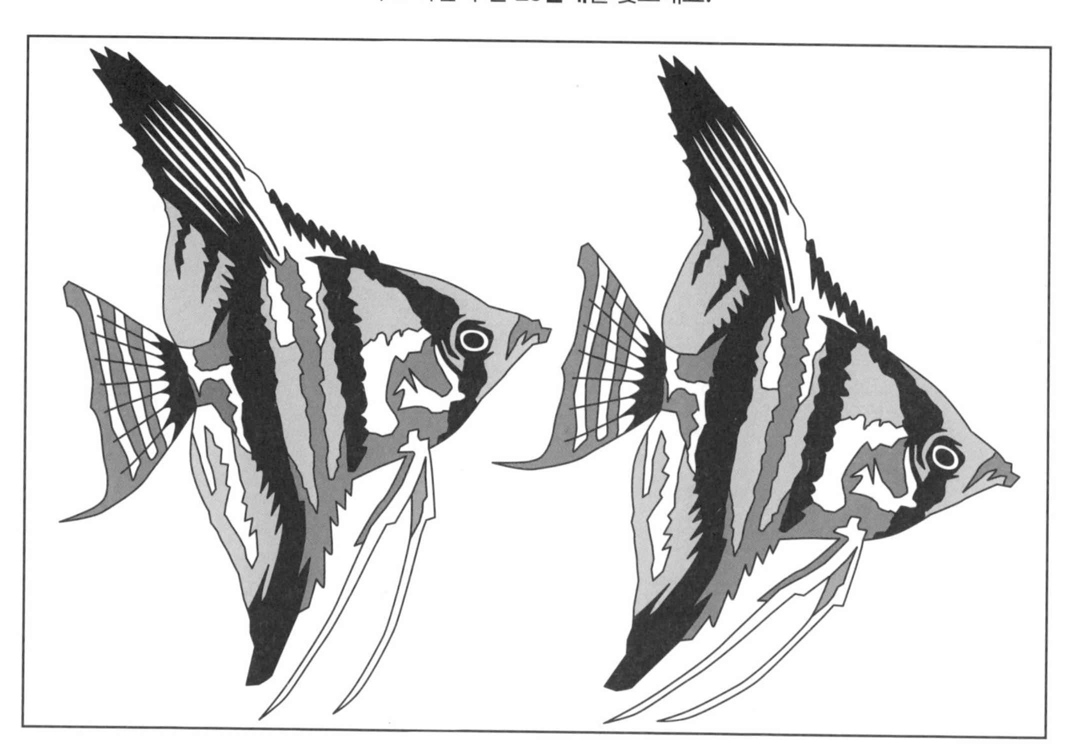

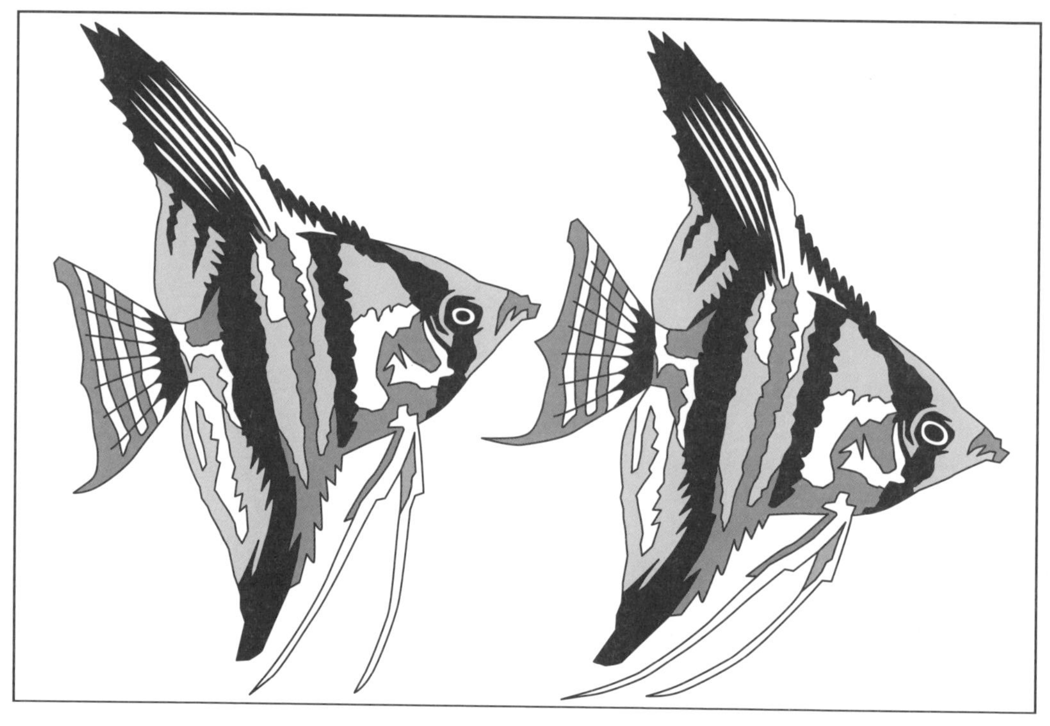

정답 99쪽

09 미로 찾기

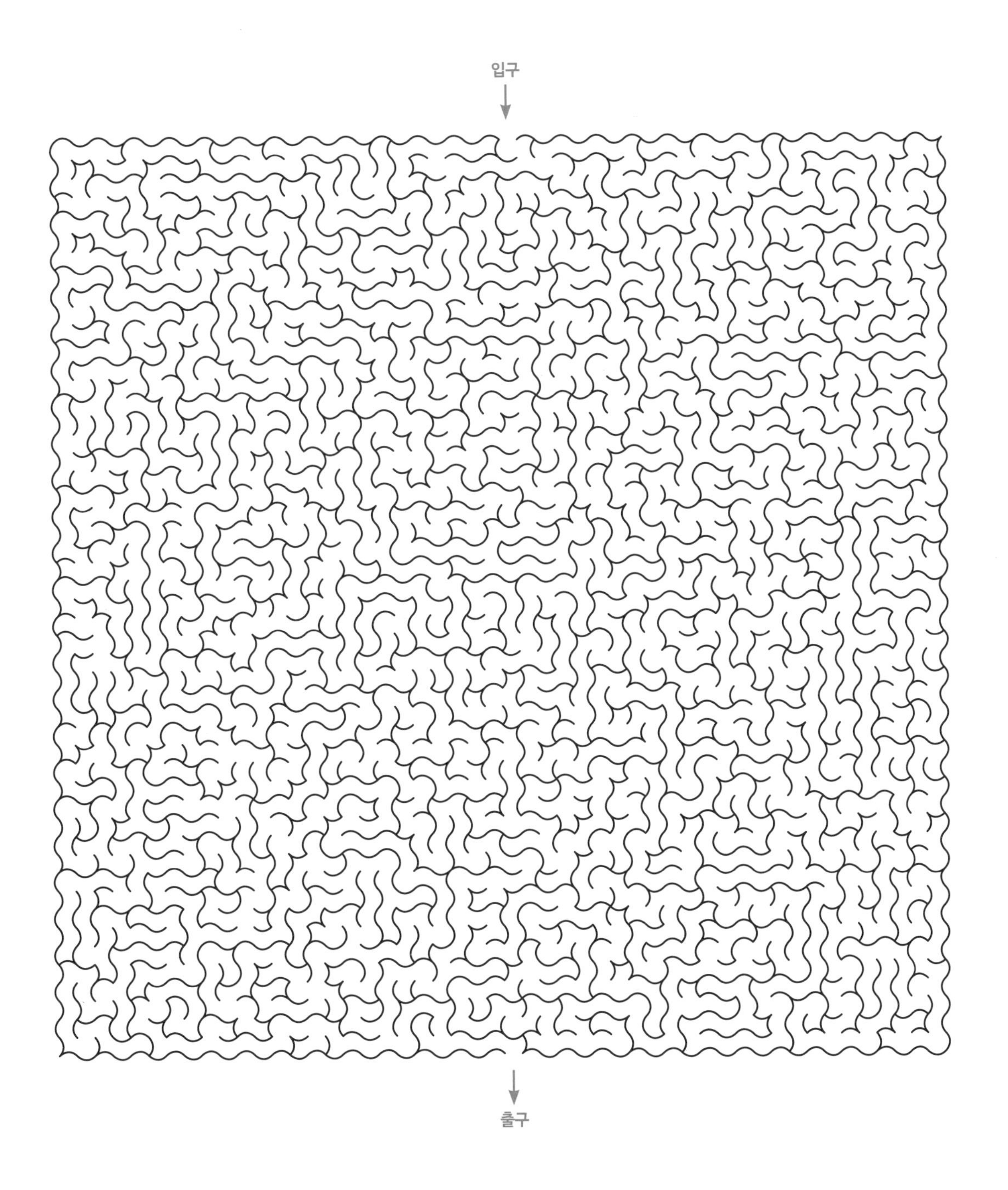

정답 99쪽

10 다른 그림 찾기

서로 다른 부분 **10군데**를 찾으세요.

정답 99쪽

11 미로 찾기

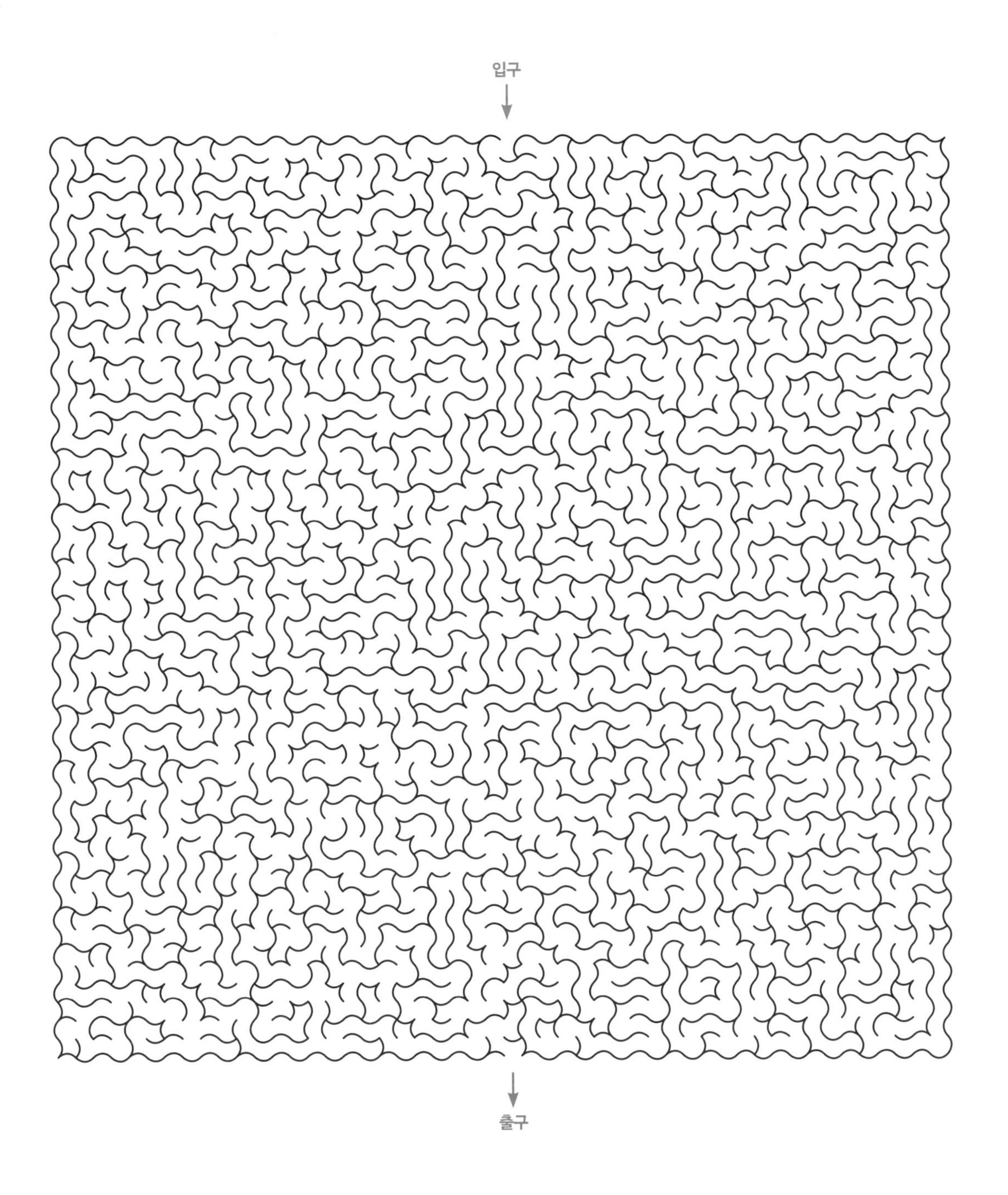

정답 99쪽

☆에서 시작한 다음 ○를 만날 때까지 숫자가 커지는 순서대로 점을 연결하세요.

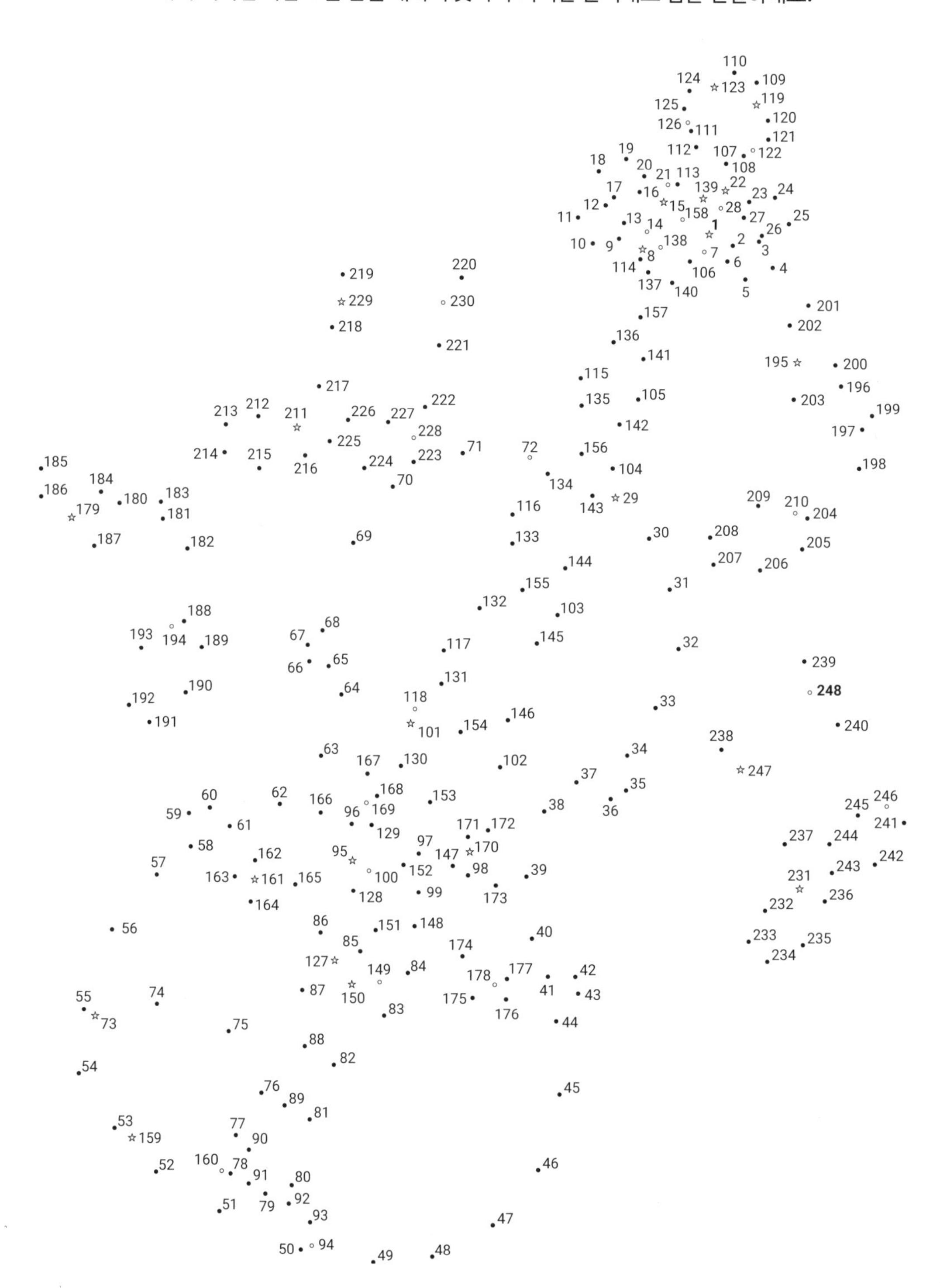

정답 99쪽

14 숫자 연결하기

☆에서 시작한 다음 ○를 만날 때까지 숫자가 커지는 순서대로 점을 연결하세요.

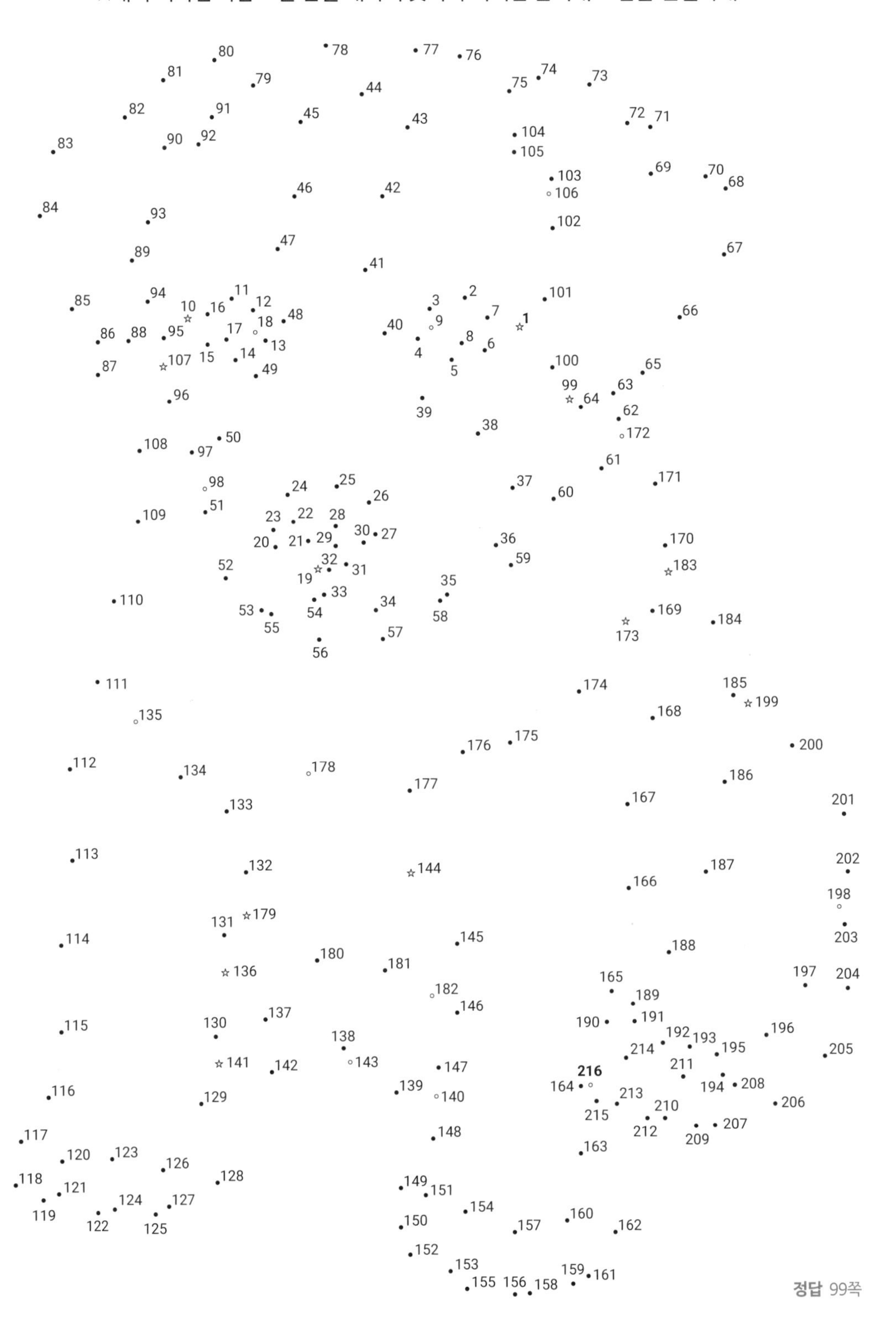

정답 99쪽

15 미로 찾기

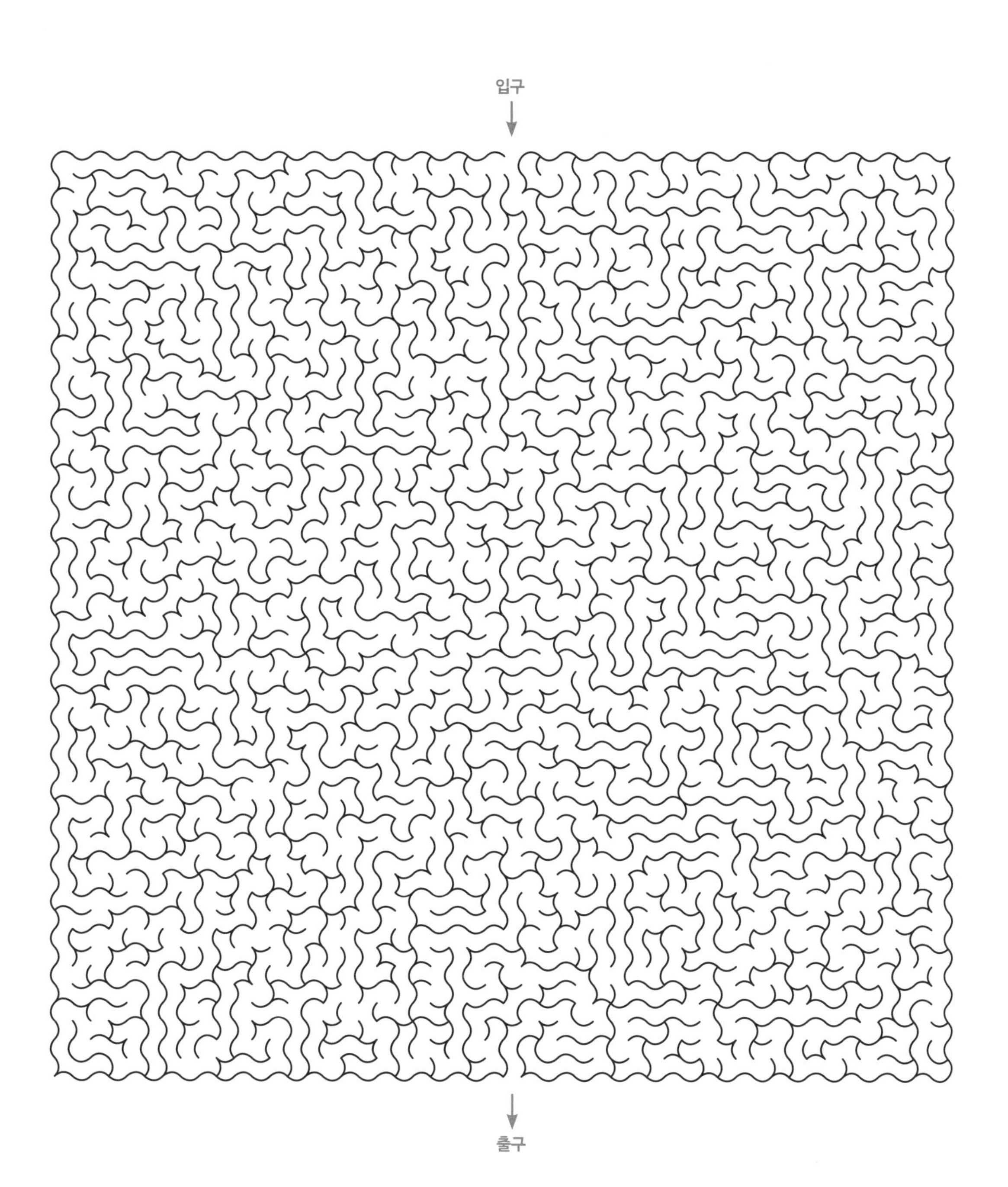

정답 100쪽

☆에서 시작한 다음 ○를 만날 때까지 숫자가 커지는 순서대로 점을 연결하세요.

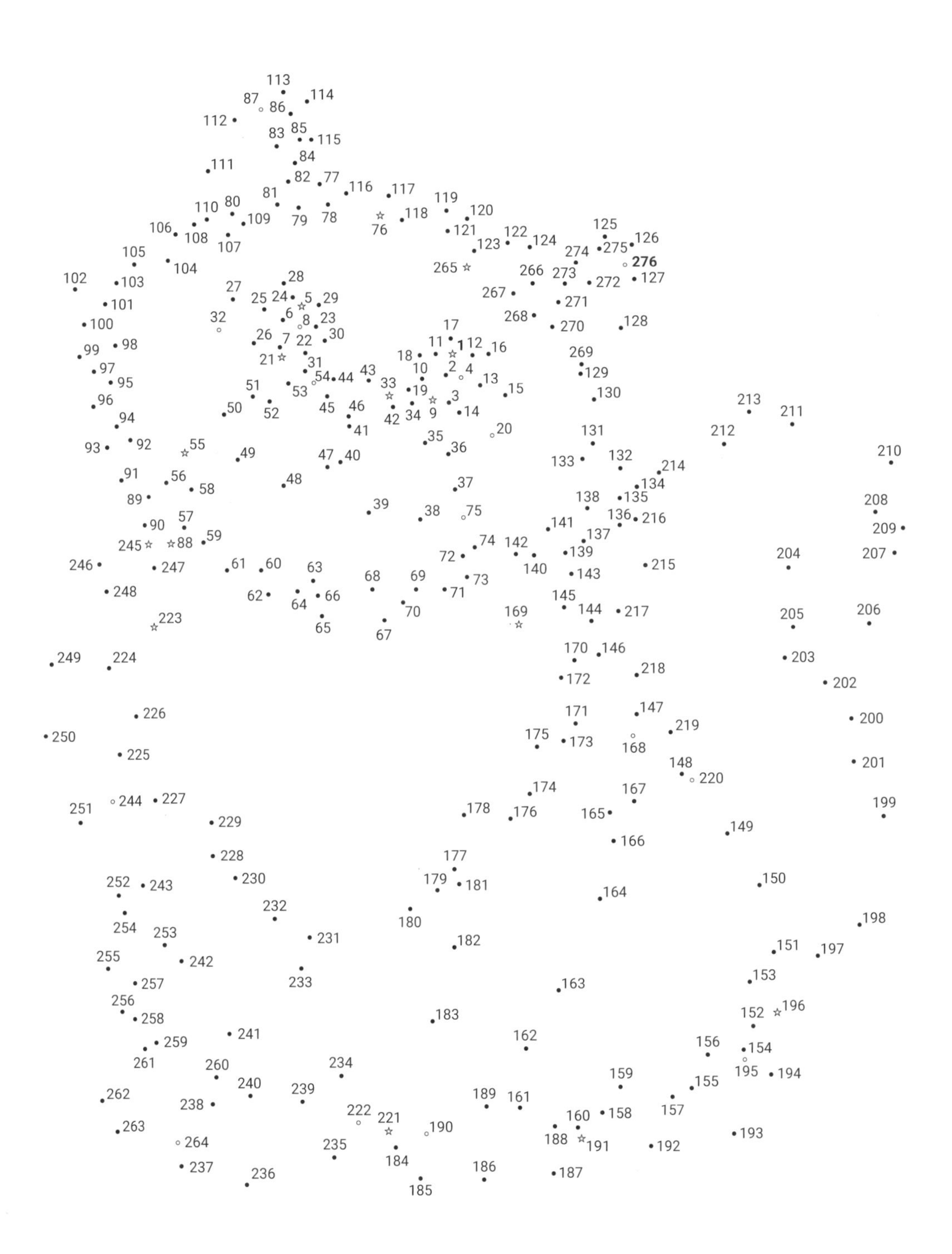

정답 100쪽

17 미로 찾기

정답 100쪽

☆에서 시작한 다음 ○를 만날 때까지 숫자가 커지는 순서대로 점을 연결하세요.

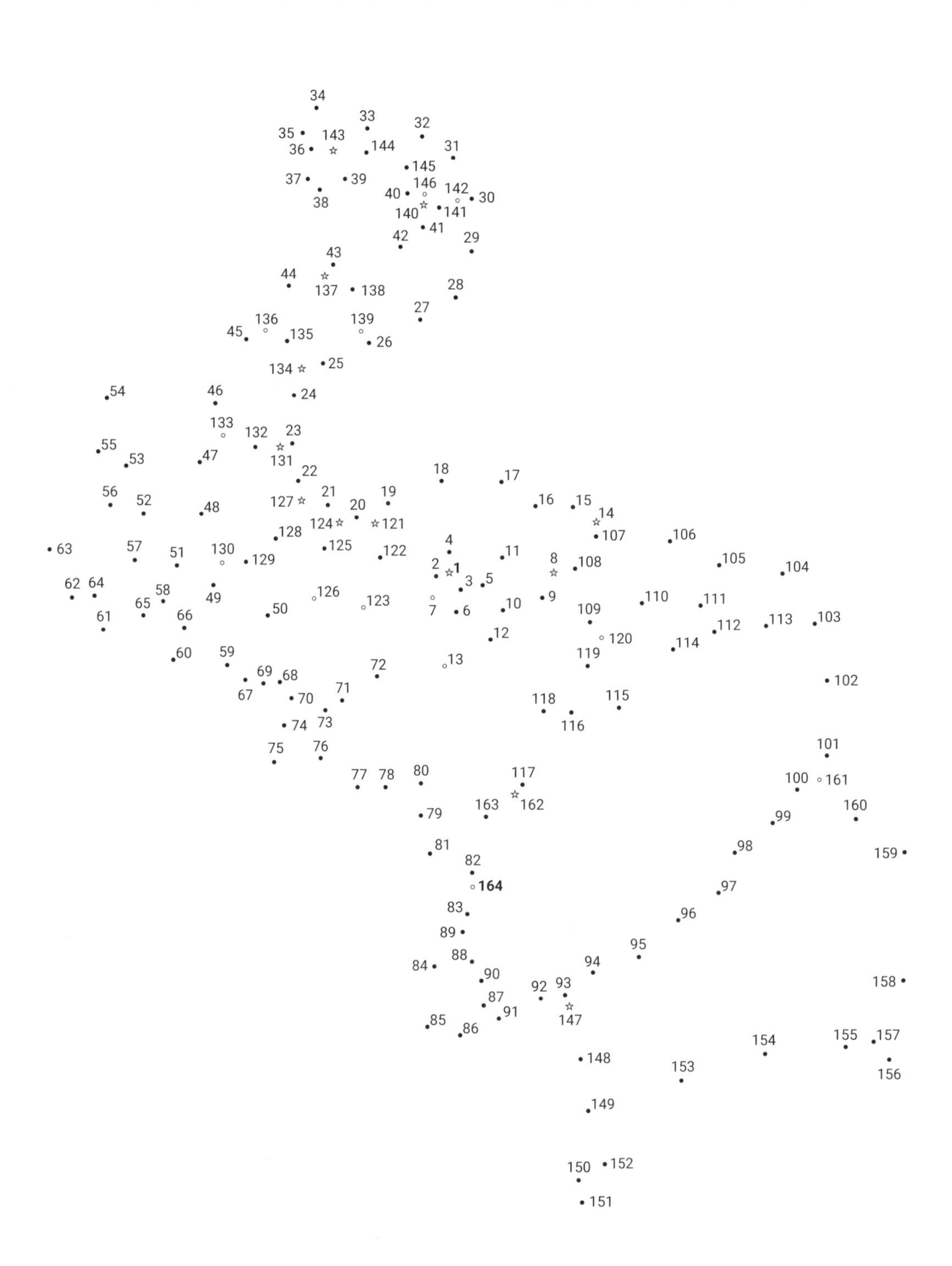

정답 100쪽

19 한글 낱말 퍼즐

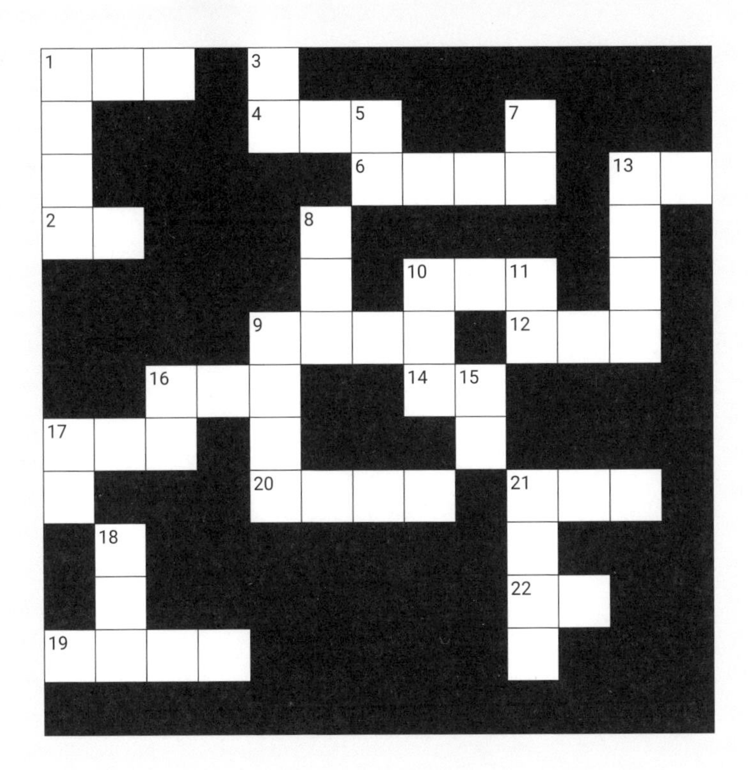

가로축

1 신분이 미천한 집안에서 뛰어난 능력을 지니고 태어난 아기가 장차 역적이 될 것이라 하여 죽임을 당하는 비극적인 내용의 설화. 아기장수 ○○○.
2 산이나 들, 강, 바다 등의 자연이나 지역의 모습. ○○가 좋다.
4 주어진 임무를 잘 수행하려는 마음가짐.
6 3대 영양소 가운데 하나로 탄소, 수소, 산소로 이루어진 화합물.
9 짙은 안개가 오 리나 끼어 있다는 뜻으로, 무슨 일에 대하여 방향이나 갈피를 잡을 수 없음을 이르는 말.
10 음식을 보통 사람보다 많이 먹는 사람.
12 차량에 연료와 별도로 주입하는 촉매제. 차에서 나오는 질소 산화물을 분해하는 역할을 한다.
13 글자나 그림을 장난으로 아무데나 쓴 것.
14 어떤 일에 알맞은 성질이나 적응 능력. ○○에 따라 학과를 선택하다.
16 유럽 서북부에 있는 입헌 군주국. 수도는 브리쉘이다.
17 향긋한 맛이 특징인 이 채소는 생으로 먹거나 무침으로 주로 먹는다. 어디서나 잘 자라는 이것은 2020년에 개봉한 정이삭 감독의 영화 제목이기도 하다.
19 하는 짓에 융통성이 없고 답답하다.
20 서로 뜻이 맞지 아니하여 이러니저러니 시비를 따지며 가리는 모양.
21 농사일이 매우 바쁜 시기.
22 길게 썬 고기를 꼬챙이에 꿰어 구운 음식.

세로축

1 소 귀에 경 읽기라는 뜻으로, 아무리 가르치고 일러주어도 알아듣지 못함을 이르는 말.
3 고양이를 키우는 사람을 뜻하는 요즘 말로, 집 일을 맡아 하는 사람.
5 마음속 깊이 느끼어 탄복함.
7 세상 넓은 줄 모르는 어리석은 사람을 비유적으로 이르는 말로 '○○ 안 개구리'라고 한다.
8 우리나라 전통주 중 하나로 민가에서 빚던 막 거른 술을 의미한다.
9 드라마나 영화에 삽입되어 주제를 돋보이게 만들어 주는 음악.
10 수많은 사람의 무리를 중심으로 한 것. 자장면은 ○○○인 중식 메뉴이다.
11 대중이 즐겨 부르는 노래.
13 떨어지는 꽃과 흐르는 물이라는 뜻으로, 가는 봄의 경치를 이르는 말.
15 여러 사람이 모여 국가나 사회에 끼친 잘못을 소리 높여 규탄함.
16 배나 허리를 비틀거나 재빨리 흔들며 추는 춤. ○○ 댄스는 화려한 상체 움직임이 특징이다.
17 소리 없이 가볍게 웃는 웃음.
18 서양식 결혼식에서 신랑이나 신부를 식장으로 인도하고 거들어주는 사람.
21 농업과 수산업에 의하여 생산된 물품.

정답 100쪽

20 미로 찾기

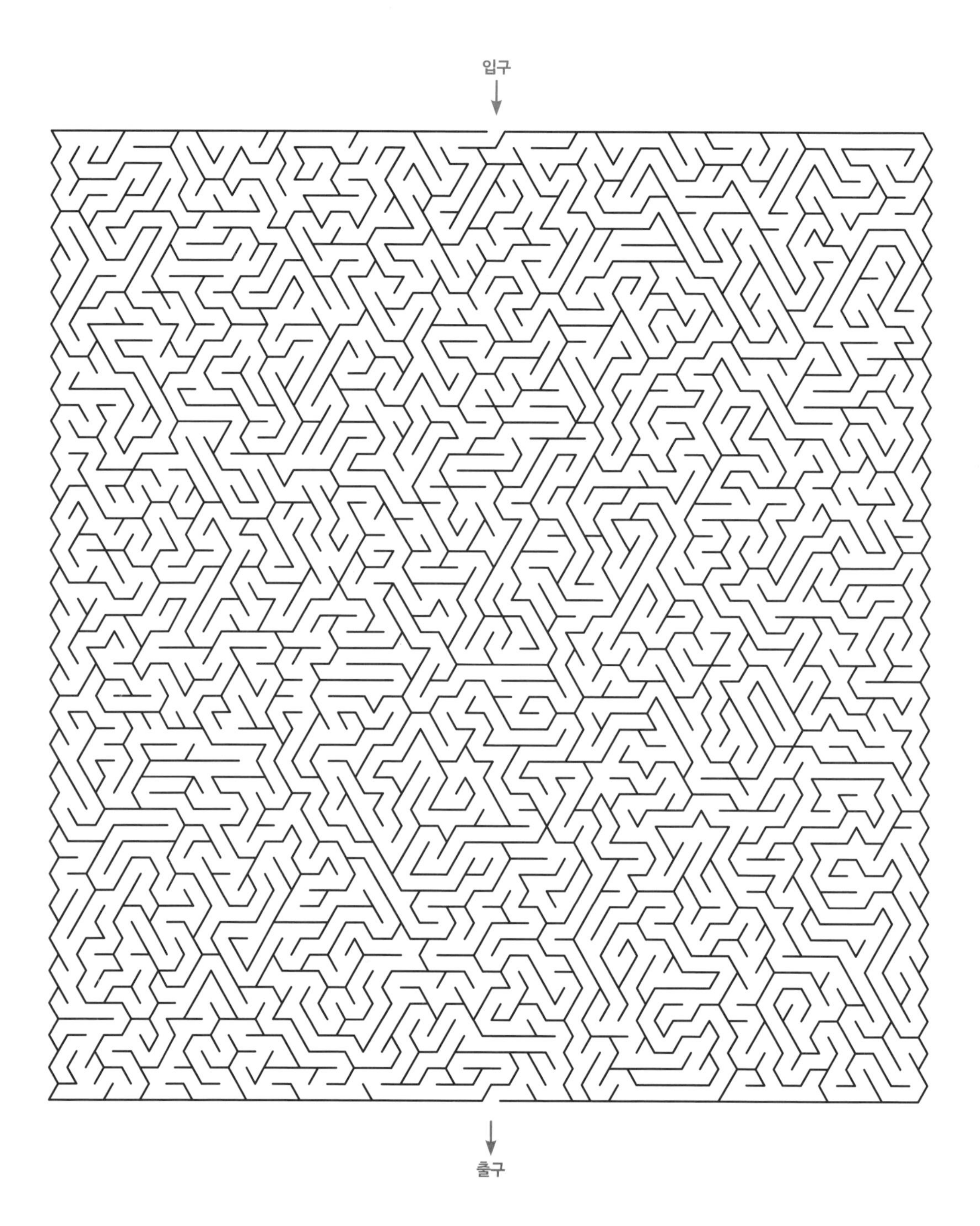

정답 100쪽

21 단어 찾기

보기의 단어를 가로, 세로, 정방향, 역방향, 대각선으로 찾아보세요.

S	B	S	G	I	I	W	R	I	T	I	N	G	N	G
M	A	N	I	N	N	E	C	G	N	I	W	A	R	D
S	G	G	A	U	I	G	G	N	I	C	N	A	D	G
B	E	A	O	G	O	M	E	C	R	G	S	O	N	N
I	L	O	R	Y	G	S	M	U	N	E	I	C	N	I
H	T	D	G	D	I	N	N	I	T	C	G	A	S	H
C	N	G	B	N	E	N	I	A	W	N	A	G	I	C
I	I	N	G	O	I	N	L	B	I	S	N	T	N	T
A	I	I	G	N	X	I	I	H	M	I	L	I	N	E
T	N	K	G	E	P	I	G	N	T	I	N	L	E	R
G	Y	L	G	R	H	U	N	T	G	L	L	N	T	T
T	G	A	N	R	A	G	I	G	A	O	I	C	I	S
N	I	W	H	L	G	N	G	G	N	I	L	C	Y	C
O	I	X	E	E	K	A	E	R	O	B	I	C	S	R
C	L	G	N	I	Z	I	L	A	I	C	O	S	A	M

스트레스 해소

AEROBICS 에어로빅
BOXING 권투
CLIMBING 등산
CYCLING 자전거 타기
DANCING 춤추기
DRAWING 그림
GARDENING 정원 가꾸기
KNITTING 뜨개질
LAUGHING 웃기
PILATES 필라테스
RUNNING 달리기
SINGING 노래 부르기
SOCIALIZING 사교
STRETCHING 스트레칭
SWIMMING 수영
TAI CHI 태극권
TENNIS 테니스
WALKING 걷기
WRITING 글쓰기
YOGA 요가

정답 101쪽

22 네모로직

그림 모양 힌트: 퍼즐

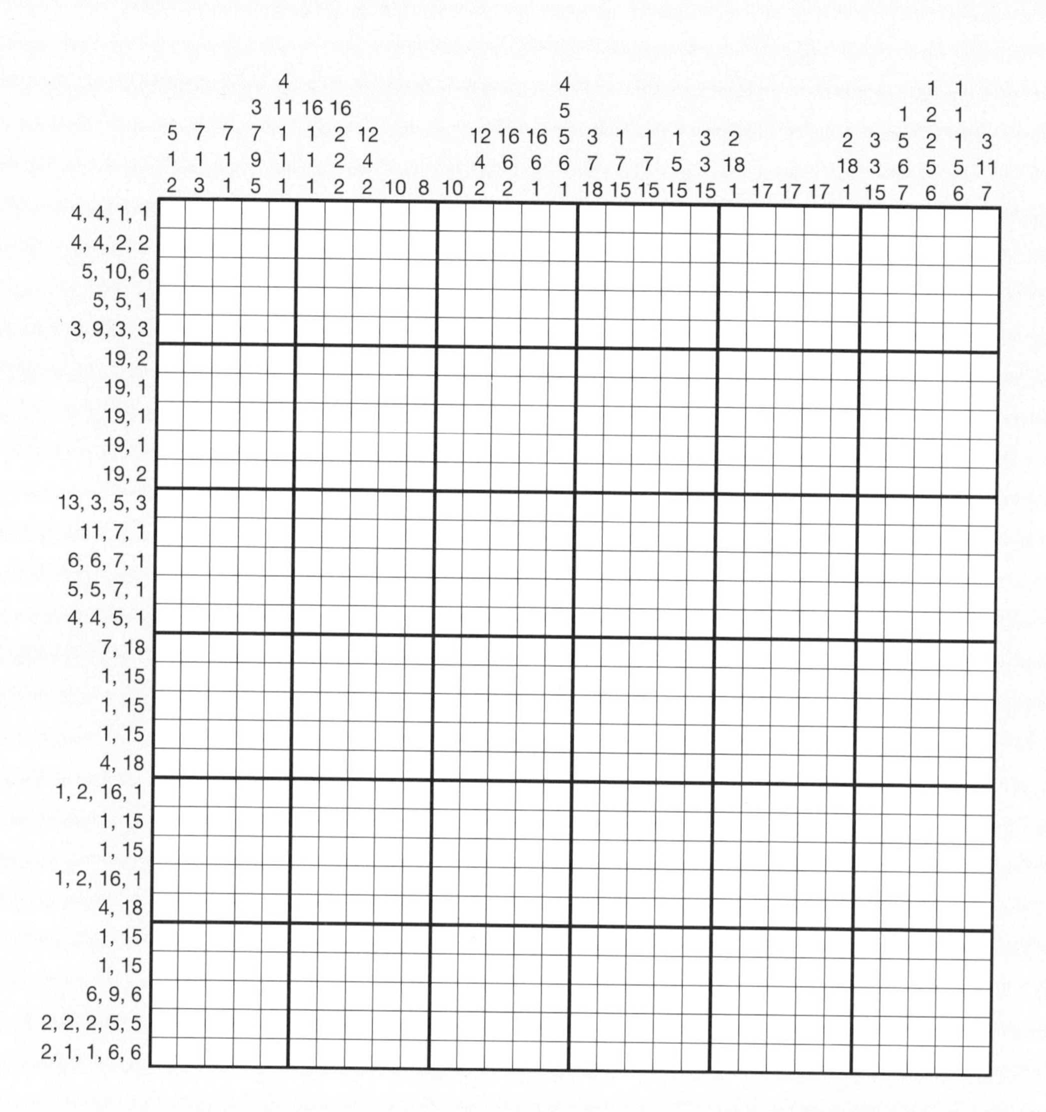

정답 101쪽

다른 그림 찾기

서로 다른 부분 **10군데**를 찾으세요.

정답 101쪽

미로 찾기

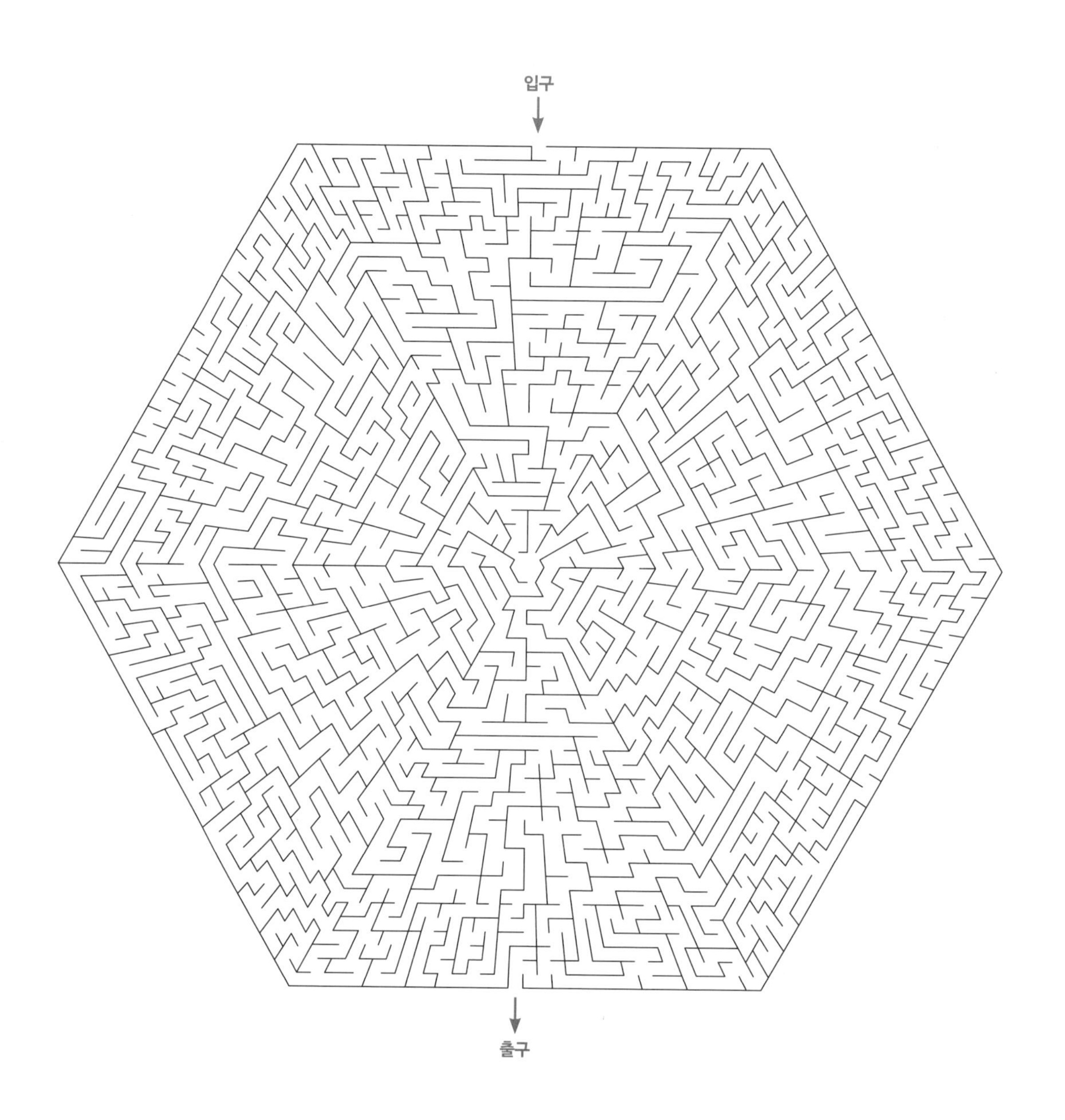

정답 101쪽

25 네모로직

그림 모양 힌트: 바닷가

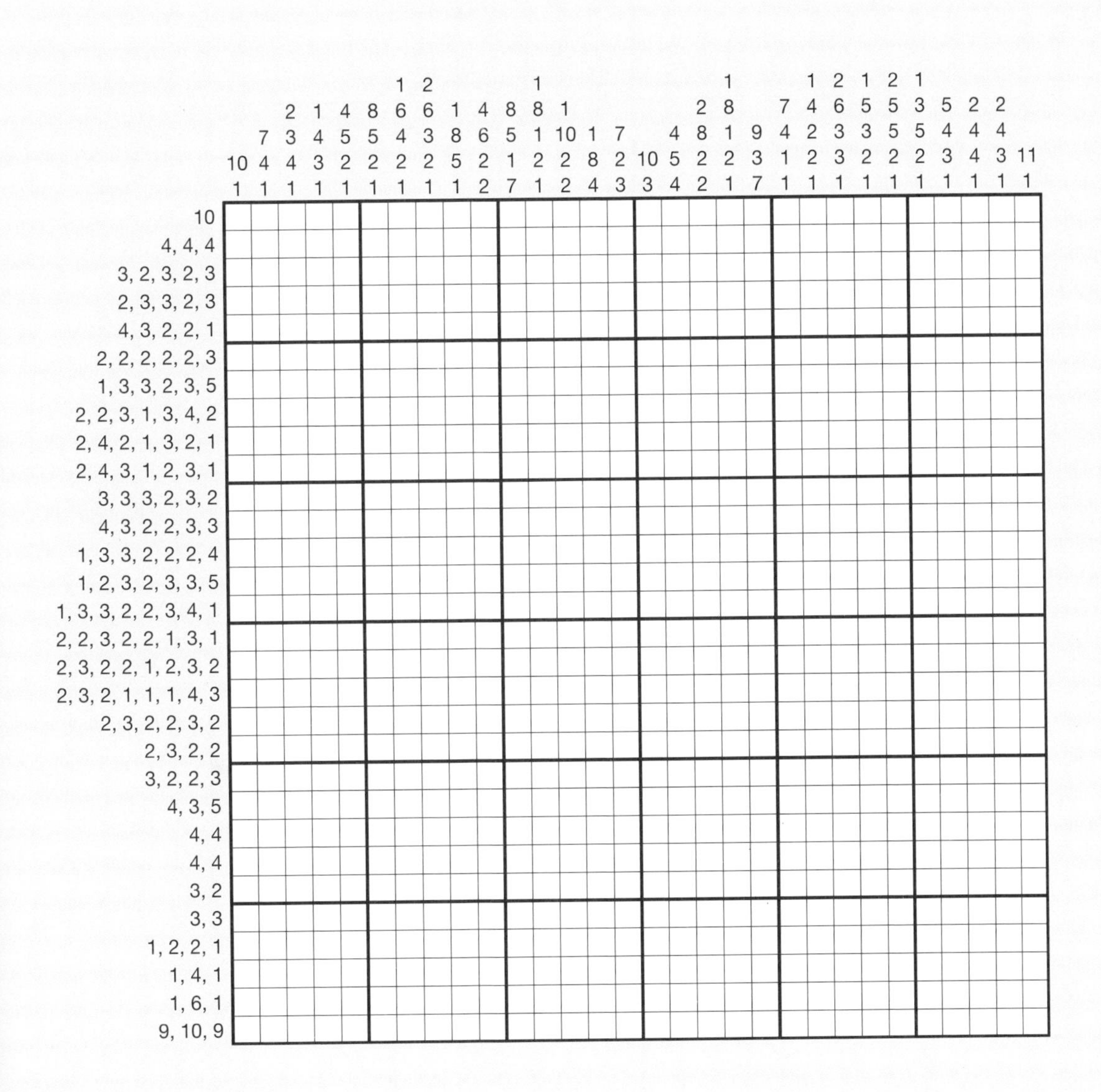

정답 101쪽

26 스도쿠

	9			7			2	
6			9		3			1
			6		4			
	6	4				1	8	
1				4				2
	5	2				3	7	
			7		9			
8			2		5			6
	2			6			3	

정답 101쪽

27 스도쿠

			9		3			
		9		1		7		
	2	6				4	3	
6				3				5
	1		5		6		9	
9				2				4
	3	4				2	1	
		1		5		9		
			1		7			

정답 102쪽

29 한글 낱말 퍼즐

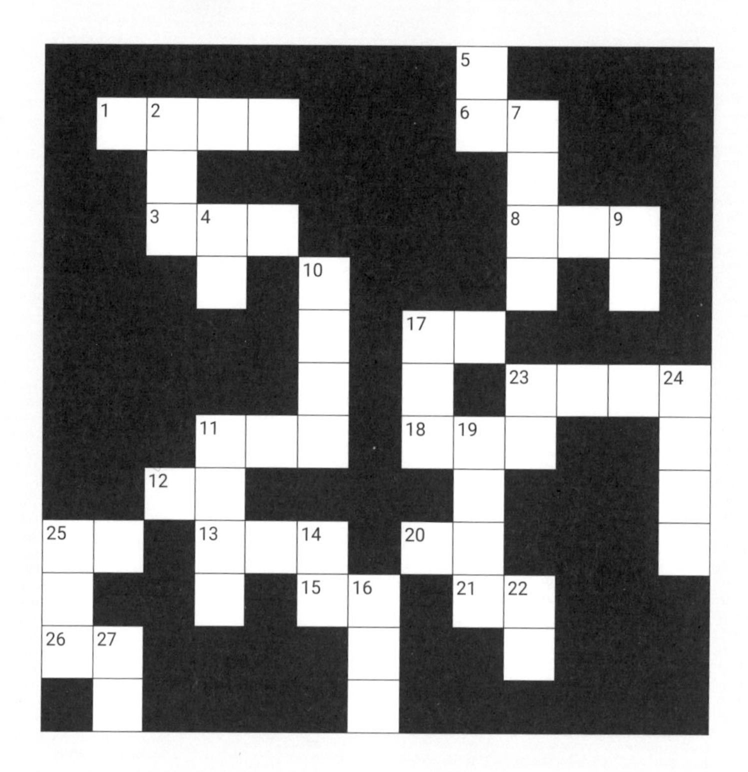

가로축

1 모양이나 성질이 서로 다른 여러 가지를 뜻하는 말.
3 대기 중에 빛의 굴절 현상에 의하여 공중이나 땅 위에 무엇이 있는 것처럼 보이는 현상.
6 어이없어 말을 못하고 있는 혀 안. ○○이 벙벙하다.
8 무리에서 떨어져 나오거나 홀로 소외되어 처량하게 된 신세를 비유적으로 이르는 말. ○○○ 오리알.
11 나라의 소유가 되는 것 또는 그렇게 되게 함.
12 물건의 값. 인플레이션은 화폐 가치가 떨어지고 ○○가 계속적으로 오르는 현상을 말한다.
13 밀가루를 반죽하여 국이나 찌개에 적당한 크기로 떼어 넣어 익힌 음식.
15 사고파는 물품.
17 마음에 깊이 느끼어 크게 감동함. 또는 그 감동.
18 종교적 직분을 맡은 교역자. 신부, 목사, 승려 등.
20 너무 흥분하여 미친듯이 날뜀.
21 일이 끝나기 전이나 물건을 받기 전에 미리 돈을 치름.
23 소의 뿔을 바로잡으려다가 소를 죽인다는 뜻으로, 잘못된 점을 고치려다 그 방법이나 정도가 지나쳐 오히려 일을 그르침을 이르는 말.
25 말이나 행동이 조심성 없이 가벼움.
26 백설공주 동화에 나오는 독이 든 ○○.

세로축

2 충동구매를 일으키는 가상의 신을 뜻하는 유행어. '지르다'의 명사형과 '신'의 합성어이다.
4 상식적으로는 생각할 수 없는 기이한 일.
5 생각, 느낌 등을 나타내거나 전달하는 데에 쓰는 음성, 문자와 같은 수단.
7 가난에 구속되지 않고 평안하게 도를 즐기는 마음.
9 자연의 경치. '십 년이면 ○○도 변한다'는 말은 세월이 흐르면 모든 것이 다 변한다는 뜻이다.
10 '입천장소리되기'라고도 부르는 우리말 발음 법칙. '굳이'가 '구지'로 발음되는 것 등을 말한다.
11 국제법상 외국에 대하여 그 나라를 대표하는 사람. 국가 원수와 비슷한 말.
14 뜻밖의 긴급한 사태.
16 힘든 일을 서로 거들어주면서 품을 지고 갚는 일.
17 외부 세계의 자극을 받아들이고 느끼는 성질. ○○○이 풍부한 사람은 대개 공감 능력이 좋다.
19 정면으로 곧게 비치는 빛살.
22 야구 경기장 한쪽에서 구원 투수가 시합 중에 준비 운동을 하는 장소.
23 밀가루를 반죽하여 소를 넣어 빚은 음식. 만두의 다른 말.
24 남이 보기엔 어리석은 일처럼 보이지만 끊임없이 노력하면 언젠가는 목적을 달성할 수 있다는 뜻.
25 경사스러운 일과 불행한 일.
27 부주의나 태만 따위에서 비롯된 잘못이나 허물. 과실과 비슷한 말.

정답 102쪽

30 숫자 연결하기

☆에서 시작한 다음 ○를 만날 때까지 숫자가 커지는 순서대로 점을 연결하세요.

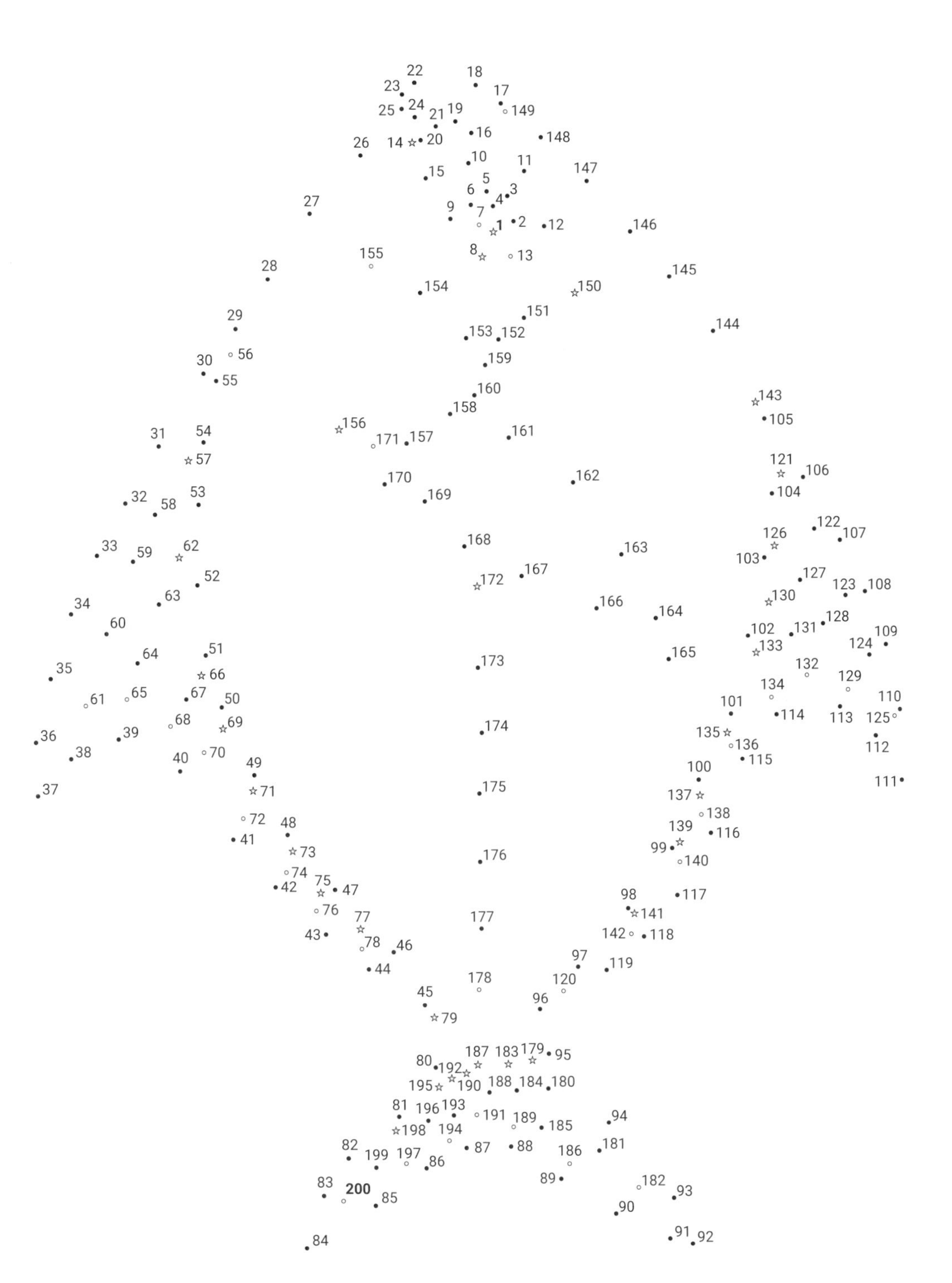

정답 102쪽

숫자 연결하기

☆에서 시작한 다음 ○를 만날 때까지 숫자가 커지는 순서대로 점을 연결하세요.

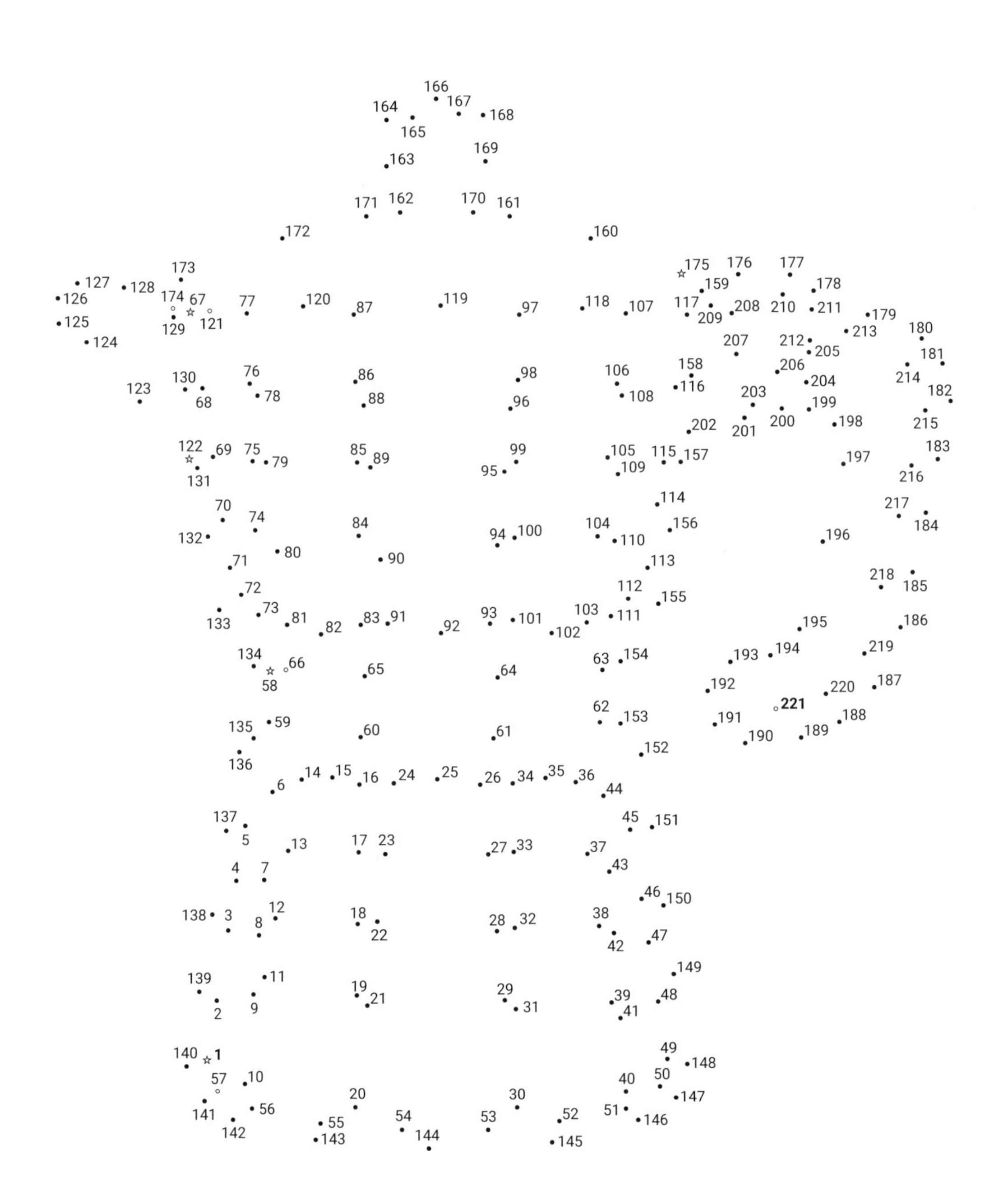

정답 102쪽

32 한글 낱말 퍼즐

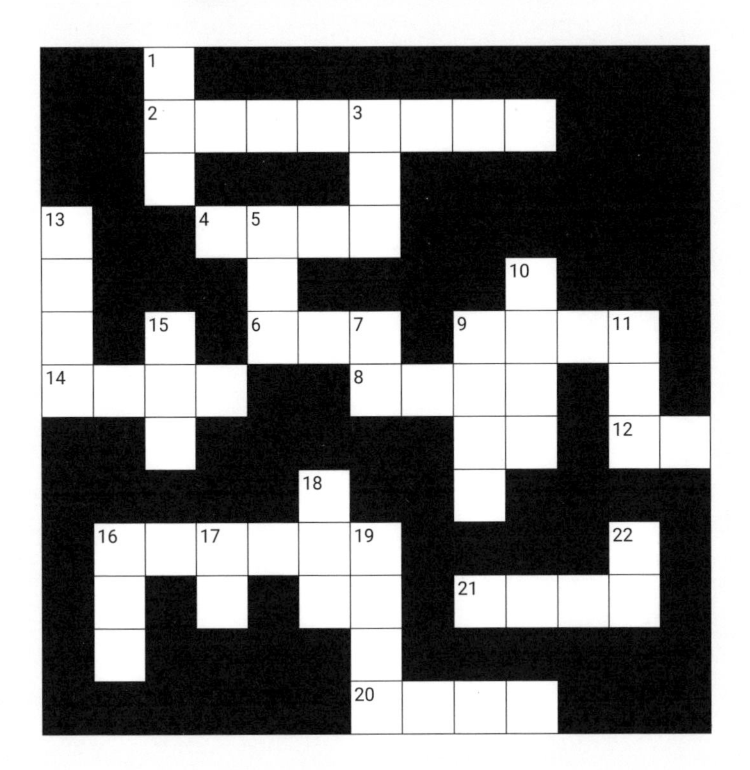

가로축

2 사회 특권층에 따르는 도덕적 책임과 의무를 뜻하는 프랑스어.
4 주권에 액면 금액이 기재되지 않아 발행가격을 자유롭게 정할 수 있는 주식.
6 민사 소송법에서 금전 채권이 아닌 청구권에 대한 집행을 보전하거나 권리 관계의 다툼에 대하여 임시적인 지위를 정하기 위하여 법원이 행하는 일시적인 명령.
8 부처의 다른 이름.
9 남아프리카 공화국의 요하네스버그에 위치한 축구 경기장. 남아공 월드컵 축구 대회가 열린 곳이기도 하다.
12 사람의 눈을 속이는 장치나 수법.
14 그리스어로 '질서'를 의미하며 '혼돈'을 의미하는 카오스의 반대어.
16 사실을 있는 그대로 나타내는 영화적 진실을 강조하는 영화 기법.
20 인터넷상에서 음성이나 동영상 등을 실시간으로 재생하는 기술.
21 실제로 구매력이 있는 수요.

세로축

1 낙하산의 주요 지지면을 이루는 삿갓 모양의 부분.
3 자신이 존경하는 작품이나 감독에 대한 경의를 뜻하는 말. 영화에서 다른 작품의 대사나 주요 장면을 인용할 때 '이것'이라고 말한다.
5 화폐나 유가증권 따위의 표면에 적힌 가격.
7 얽혀 있거나 복잡한 것을 풀어서 개별적인 요소나 성질로 나눔.
9 기업이 기관 투자자나 특정 개인에게 개별적으로 매각하는 채권.
10 어떤 물체나 현상의 작용 원리나 작용 과정을 뜻하는 말.
11 중국 서남부에 있는 고원 지대. 황허강, 양쯔강, 인더스강의 발원지이다.
13 스페인의 돼지 품종. 스페인 이베리아 반도에서 생산된 돼지라는 뜻.
15 '조화'를 뜻하는 영어 단어. ○○○를 이루다.
16 방사선이 생물에 미치는 영향을 나타내는 측정 단위.
17 이웃에 놀러 다니는 일. 동네 ○○.
18 비행 직전에 조종사에게 간단한 명령을 내린다는 뜻. 현재에는 간단하게 요점을 파악해 설명하는 것을 의미한다.
19 각기 다른 모양의 블록이 위에서 아래로 떨어질 때 벌어진 틈에 맞는 블록을 끼우는 게임.
22 예로부터 민중 사이에 불려 오던 전통적인 노래.

정답 102쪽

34 스도쿠

	4						3	
1	7						5	8
			6	3	7			
		1	3		4	2		
		5		2		4		
		2	7		8	9		
			2	9	3			
3	5						2	7
	6						1	

정답 102쪽

35 스도쿠

4				8				7
	8		3		7		9	
		9		4		8		
	2						7	
9		7				1		2
	6						8	
		1		2		4		
	9		4		6		3	
7				3				6

정답 103쪽

36 미로 찾기

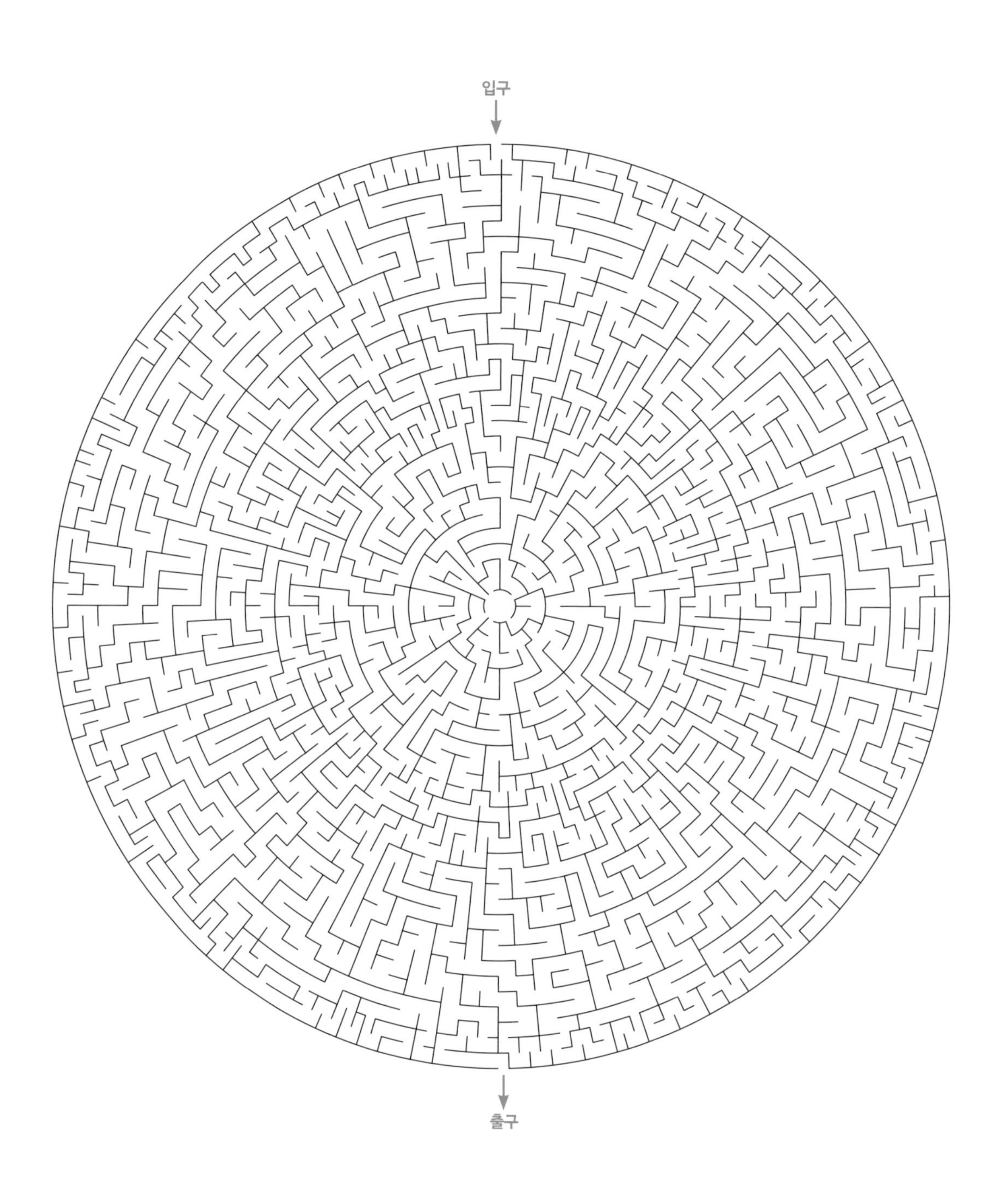

정답 103쪽

37 네모로직

그림 모양 힌트: 하늘 위로 올라

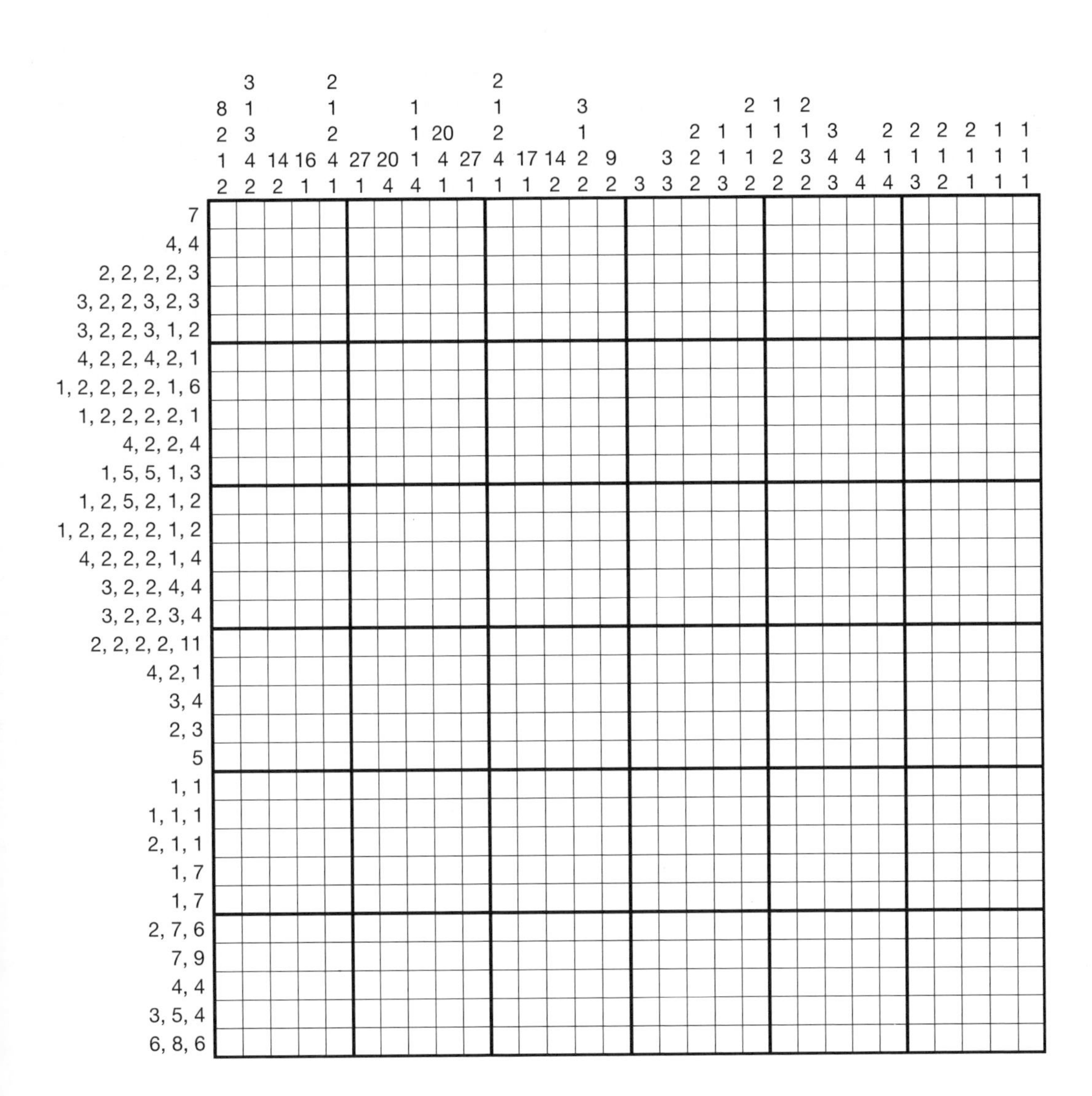

정답 103쪽

38 다른 그림 찾기

서로 다른 부분 **10군데**를 찾으세요.

정답 103쪽

39 단어 찾기

보기의 단어를 가로, 세로, 정방향, 역방향, 대각선으로 찾아보세요.

I	T	E	Y	A	I	B	A	E	R	S	M	J	N	A
F	E	O	S	T	R	E	A	Y	M	A	O	P	G	I
T	U	O	E	N	S	B	N	U	E	B	O	N	E	E
H	D	I	O	U	C	N	I	A	A	N	I	S	H	V
O	E	P	Y	T	U	N	E	A	N	O	I	E	R	V
R	P	A	H	P	I	H	D	E	A	B	O	A	V	O
F	V	T	S	J	R	E	E	I	I	A	S	E	I	T
A	P	N	I	E	R	I	M	R	D	H	B	T	I	S
I	T	U	T	N	R	S	T	A	N	U	R	A	V	A
A	S	E	N	V	T	E	D	H	V	A	R	O	N	L
H	D	S	R	L	E	N	C	I	V	R	V	O	F	V
A	F	N	E	R	E	E	A	O	M	I	M	R	Y	E
T	S	M	R	T	A	R	A	U	D	O	E	R	A	N
I	P	N	M	E	M	E	Z	N	P	Y	V	T	P	I
O	A	N	M	A	S	E	O	N	R	I	I	C	O	T

자연신

ABNOBA 아브노바
AGNI 아그니
ARTIO 아르티오
ASH 아쉬
CERES 케레스
DIANA 다이아나
EOSTRE 에오스트레
FREYR 프레위르
IOUNN 이운
LEMPO 렘포
MEDEINA 메데이나
POMONA 포모나
PRITHVI 프리트비
SUIJIN 스이진
TAPIO 타피오
TERRA 테라
THOR 토르
VARUNA 바루나
VAYU 바유
ZEME 제미

정답 103쪽

41 단어 찾기

보기의 단어를 가로, 세로, 정방향, 역방향, 대각선으로 찾아보세요.

M	D	S	P	O	R	D	N	I	A	R	S	S	M	S
N	E	G	E	S	I	R	N	U	S	T	E	S	T	L
A	P	A	W	R	U	I	R	E	A	V	N	H	I	A
C	O	R	D	O	Z	N	V	O	A	O	G	N	N	M
I	C	D	E	O	O	A	S	E	W	I	O	N	C	I
F	S	L	T	E	W	D	L	E	L	N	L	A	E	N
T	O	N	E	P	E	G	L	N	T	L	S	W	N	A
N	D	H	K	L	N	R	R	A	A	A	O	S	S	G
R	I	I	A	I	D	E	I	F	N	B	Z	M	E	N
B	E	L	L	O	H	N	R	F	N	D	A	L	S	I
E	L	L	O	T	S	E	A	I	G	E	I	D	M	P
D	A	E	R	R	T	S	A	C	R	O	N	A	O	E
F	K	O	A	A	F	R	A	T	E	G	L	H	K	E
A	N	T	W	W	G	R	S	W	L	L	P	O	E	L
E	S	E	L	N	Z	E	N	G	A	R	D	E	N	S

평화로운 풍경

CANDLE 양초
FALLING LEAVES 낙엽
INCENSE SMOKE 향연
KALEIDOSCOPE 만화경
LAKE 호수
LOG FIRE 모닥불
MEADOW 목초지
NORTHERN LIGHTS 북극성
RAINBOW 무지개
RAINDROPS 빗방울
SLEEPING ANIMALS 잠자는 동물
SNOW 눈
STARS 별
STREAM 개울
SUNRISE 일출
SUNSET 일몰
WATERFALL 폭포
WAVES 파도
WOODLAND 삼림
ZEN GARDEN 젠 가든

정답 103쪽

42 영어 낱말 퍼즐

가로축

1 '냄새나 맛이 불쾌할 정도로 톡 쏘는, 매캐한'이라는 뜻의 형용사.
4 여러 사람이 모인 자리에서 자기의 주장이나 의견 등을 말하는 일.
10 '생체 시계'라는 뜻으로 매일 같은 시간에 자는 것처럼 신체적 자연 현상을 관장하는 몸의 기능을 말한다.
11 멍청이. Fool과 비슷한 말.
12 일본 음식의 하나로 뭉친 밥 위에 고추냉이와 회 등을 얹어 만든다.
13 '정체 상태'를 뜻하는 말.
14 '영원하지 않음, 일시적인'이라는 뜻의 형용사.
18 '감염시키다'라는 뜻의 타동사.
20 채소, 과일 등이 물기가 적어 파삭파삭한 상태를 뜻하는 형용사.
23 사람들이 많이 모이는 인기 있는 곳을 영어로 '○○○ place'라고 부른다.
24 '방송, 방송하다, 광고하다'라는 뜻을 가진 단어.
25 축제, 행사 등으로 많은 사람이 거리를 화려하게 행진하는 것.
26 '구름처럼 휙 지나가다'라는 뜻의 3인칭 단수형 동사.

세로축

2 '암호, 부호, 암호로 쓰다'라는 뜻을 지닌 단어. 복수형.
3 '~쪽으로 기울다, 경사지다, 고개를 끄덕이다'라는 뜻의 동사.
5 '진짜의, 일류의'라는 뜻으로 모조품의 반대말.
6 암석이 물과 공기의 작용으로 화학적 변화를 일으켜 녹는 현상.
7 '들어올리다, 운반하다'라는 뜻의 동사.
8 '남용, 남용하다, 학대하다'라는 뜻을 가진 단어.
9 '먹다, 마시다, 소비하다'라는 뜻. Consume의 명사형.
15 텔레비전이나 컴퓨터의 화면.
16 '유랑의, 유목의'라는 뜻의 형용사.
17 사람, 동물의 체내나 신체 부위에 생긴 물혹. 복수형.
19 '썰물, 빠지다'라는 뜻을 지닌 단어의 과거형.
21 '상, 시상식'을 뜻하는 단어. 미국의 Academy ○○○○○.
22 '선박, 운송하다, 관계' 등 여러 뜻을 가진 단어.

정답 104쪽

서로 다른 부분 **10군데**를 찾으세요.

정답 104쪽

☆에서 시작한 다음 ○를 만날 때까지 숫자가 커지는 순서대로 점을 연결하세요.

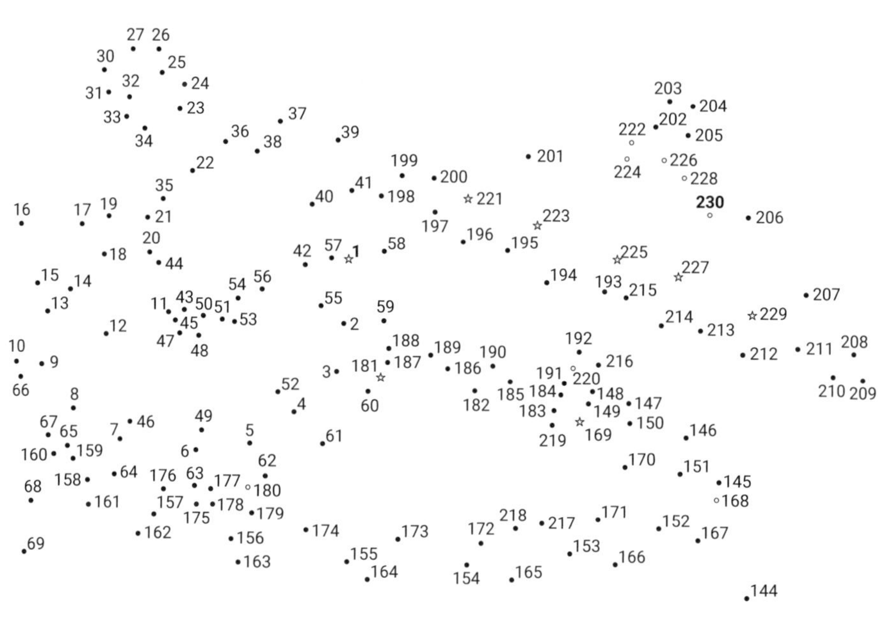

정답 104쪽

45 단어 찾기

보기의 단어를 가로, 세로, 정방향, 역방향, 대각선으로 찾아보세요.

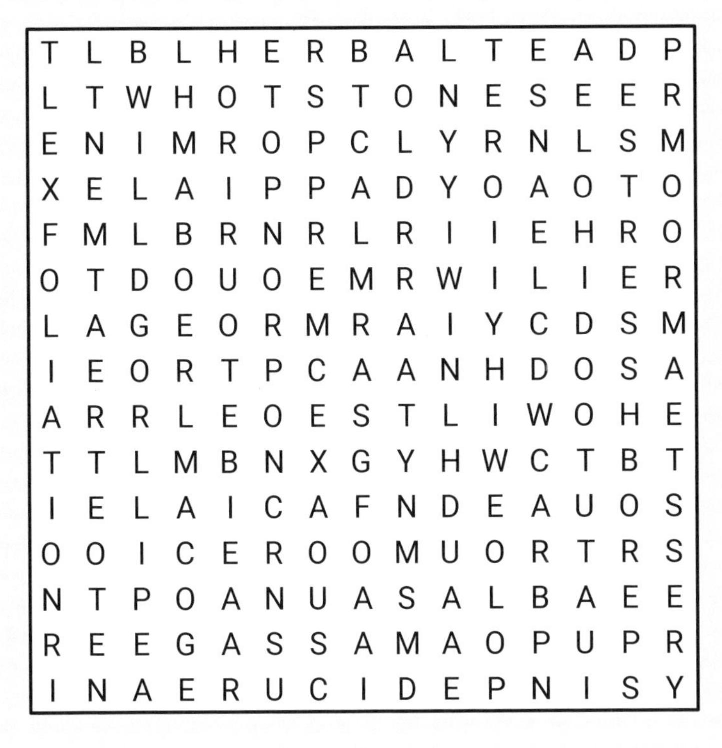

스파하는 날

AROMATHERAPY 아로마 테라피
BODY SCRUB 보디 스크럽
BODY WRAP 보디 랩
CLEANSE 씻다
DE-STRESS 스트레스를 풀다
DETOX 디톡스
EXFOLIATION 각질 제거
FACIAL 얼굴 마사지
HERBAL TEA 허브차
HOT STONES 핫스톤
ICE ROOM 아이스 룸
MANICURE 손톱 관리
MASSAGE 마사지
MINERAL WATER 미네랄 워터
PEDICURE 발톱 관리
PLUNGE POOL 냉탕
SAUNA 사우나
STEAM ROOM 한증실
TREATMENT 트리트먼트
WHIRLPOOL 월풀 욕조

정답 104쪽

46 숫자 연결하기

☆에서 시작한 다음 ○를 만날 때까지 숫자가 커지는 순서대로 점을 연결하세요.

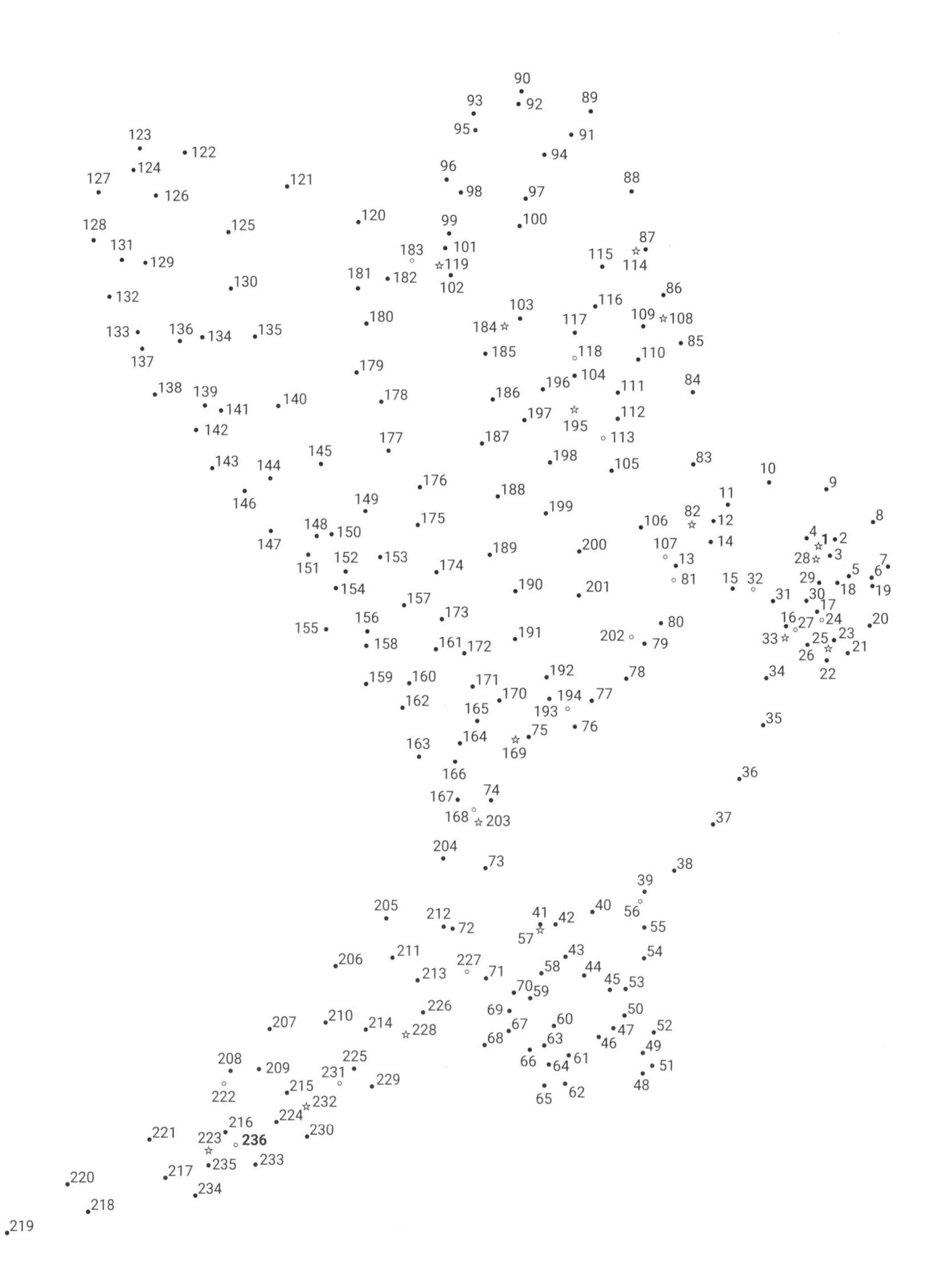

정답 104쪽

47 단어 찾기

보기의 단어를 가로, 세로, 정방향, 역방향, 대각선으로 찾아보세요.

C	D	C	V	A	D	E	I	F	I	N	G	I	D	D
O	E	E	N	L	L	I	T	S	A	L	D	T	E	F
L	L	S	T	S	P	L	R	E	I	E	L	D	S	L
L	L	D	P	N	T	O	D	E	S	O	A	H	R	U
E	O	E	E	I	E	E	I	O	L	E	N	U	R	T
C	R	E	A	S	T	T	P	S	H	A	P	S	C	R
T	T	Q	C	W	U	M	N	L	E	D	X	H	E	A
E	N	U	E	I	O	O	E	O	I	D	E	E	E	N
D	O	I	F	C	A	V	M	C	C	I	N	D	D	Q
H	C	E	U	Q	E	T	A	I	D	T	V	D	D	U
V	F	T	L	L	R	L	E	L	N	S	I	E	N	I
U	L	E	U	L	P	L	L	A	I	A	A	O	R	L
D	E	I	R	R	O	W	N	U	S	U	U	T	A	D
A	S	S	E	N	E	R	E	S	T	E	D	Q	U	H
P	C	A	P	R	I	V	A	T	E	C	E	D	E	Q

고요한 기분

- AT EASE 마음 편히 쉬다
- COLLECTED 침착한
- COMPOSED 평온한
- CONTENTED 만족스러운
- DIGNIFIED 기품 있는
- EQUANIMOUS 차분한
- HUSHED 조용한
- LEVEL-HEADED 신중한
- PEACEFUL 평화로운
- PLACID 잔잔한
- POISED 균형을 이룬
- PRIVATE 사적인
- QUIET 고요한
- RELAXED 느긋한
- RESTED 피로가 풀린
- SELF-CONTROLLED 자제력
- SERENE 침착한
- STILL 잠잠히
- TRANQUIL 평온한
- UNWORRIED 걱정 없는

정답 104쪽

48 단어 찾기

보기의 단어를 가로, 세로, 정방향, 역방향, 대각선으로 찾아보세요.

O	E	S	L	U	F	R	E	E	H	C	E	E	N	G
C	E	S	E	R	U	H	N	C	L	L	M	D	L	S
T	D	S	S	L	O	E	O	H	B	E	E	A	D	S
S	N	M	N	P	F	N	T	A	A	G	A	I	H	E
H	E	E	E	I	V	P	T	I	A	P	S	N	D	L
P	A	F	D	I	A	R	O	R	N	E	P	E	L	R
S	U	R	N	I	O	T	U	S	L	I	C	Y	P	A
L	Y	C	D	F	F	O	R	F	S	I	F	R	B	E
R	E	U	M	Y	C	N	A	E	S	E	C	E	P	F
D	L	O	C	N	I	S	O	I	C	O	S	I	D	N
F	C	E	E	E	S	G	V	C	C	S	S	S	L	C
M	L	A	C	U	O	E	S	E	C	U	R	E	E	E
M	S	O	R	O	C	O	M	P	O	S	E	D	D	D
E	U	E	D	A	O	P	T	I	M	I	S	T	I	C
E	D	P	T	N	A	I	L	E	R	F	L	E	S	T

긍정적인 기분

CALM 침착한
CERTAIN 확신하는
CHEERFUL 발랄한
COMFORTABLE 편한
COMPOSED 침착한
CONFIDENT 자신감 있는
CONVINCED 확신하는
DECISIVE 결단력 있는
DEFINITE 확실한
ENCOURAGED 용기를 얻다
FEARLESS 용감한
GOOD 좋은
HAPPY 행복한
HARDY 강한
HOPEFUL 희망에 찬
OPTIMISTIC 낙관적인
SECURE 안심하는
SELF-ASSURED 자기 확신
SELF-POSSESSED 침착한
SELF-RELIANT 자립적인

정답 105쪽

50 한글 낱말 퍼즐

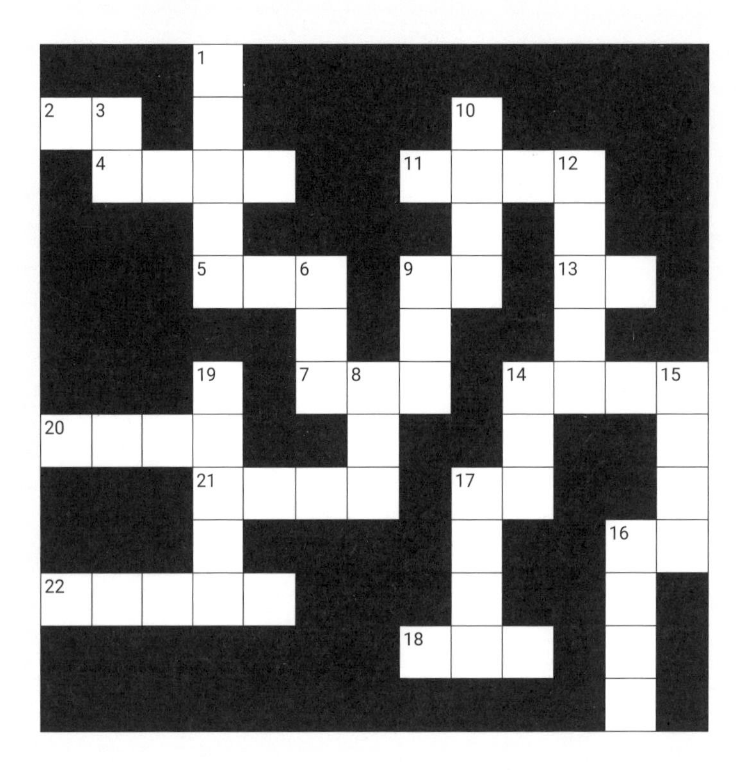

가로축

2 긴장감 넘치는 막상막하의 승부를 가리키는 말. 아주 얇은 얼음이라는 뜻을 갖고 있다.

4 아프리카 소말리아의 수도. 2021년 우리나라에서 이곳을 배경으로 한 영화가 개봉하기도 했다.

5 오스트레일리아에서 주로 서식하는 허브로 공기 정화, 상처 회복, 피부 재생에 효과가 좋다고 알려져 있다.

7 어떠한 현상이 일정한 방향으로 나아가는 추세를 가리키는 말로 현대에서는 사회, 문화, 경제 등에서 새로운 동향을 나타낼 때 쓰인다.

9 전에 없던 기술이나 물건을 새로 생각해 만들어냄.

11 자기의 몸을 희생하여 옳은 도리를 행하는 것을 의미하는 사자성어.

13 규칙적으로 하는 일의 통상적인 순서와 방법. 모닝 ○○.

14 다른 생각은 전혀 하지 않고 오직 책 읽기에만 골몰하는 경지.

16 사용할 수 있음.

17 보거나 듣고 깨달아 얻은 지식.

18 지나간 잘못에 대하여 깨닫고 깊이 뉘우치며 적은 기록. 윤동주의 이 시는 끊임없이 자신을 반성하고 성찰하는 한 인간의 내면을 보여준다.

20 라틴어로 '경쟁하다, 협력하다' 라는 뜻으로 음악에서는 독주 악기와 오케스트라가 합주하는 장르를 가리키는 말.

21 악보에서 점점 세게 연주하라는 말.

22 아리스토텔레스의 최초 예술 비평서인 『시학』에 등장해 유명해진 이것. 마음의 상처나 콤플렉스 등을 표출해내어 감정을 정화시킨다는 의미.

세로축

1 우연히 얻어낸 발명이나 발견. 특히 과학연구의 분야에서 실험 도중에 의도치 않게 중요한 것을 발견한 것을 가리키는 말.

3 다른 사람의 장모를 이르는 말.

6 영화에서는 시리즈의 연속성을 버리고 새롭게 만드는 것을 뜻한다. 실행 중인 컴퓨터 시스템을 재시작하는 과정을 의미하는 단어.

8 악보에서 점점 느리게 연주하라는 말.

9 대중음악의 한 장르로 사랑을 노래하는 서정적인 노래.

10 자신의 뜻을 확립하고 이름을 날린다는 뜻의 사자성어.

12 SNS에서 대중에게 영향력을 끼치는 사람.

14 서재필을 중심으로 한 독립협회가 우리나라의 영구 독립을 선언하기 위하여 만든 건축물.

15 다시 되돌릴 수 없는 비용. 의사결정을 하고 실행을 한 이후에 발생하는 비용 중 회수할 수 없는 비용을 말한다.

16 어떤 제품의 가격이 실제 가치보다 지나치게 오르는 현상.

17 이치에 맞지 않는 말을 억지로 끌어 붙여 자기에게 유리하게 함.

19 프랜시스 후쿠야마 교수가 말한 '○○○○○가 미국 정치를 지배하고 있다'에서 처음 나온 용어로 상대 정파의 정책과 주장을 모조리 거부하는 극단적인 파당 정치를 의미한다.

정답 105쪽

☆에서 시작한 다음 ○를 만날 때까지 숫자가 커지는 순서대로 점을 연결하세요.

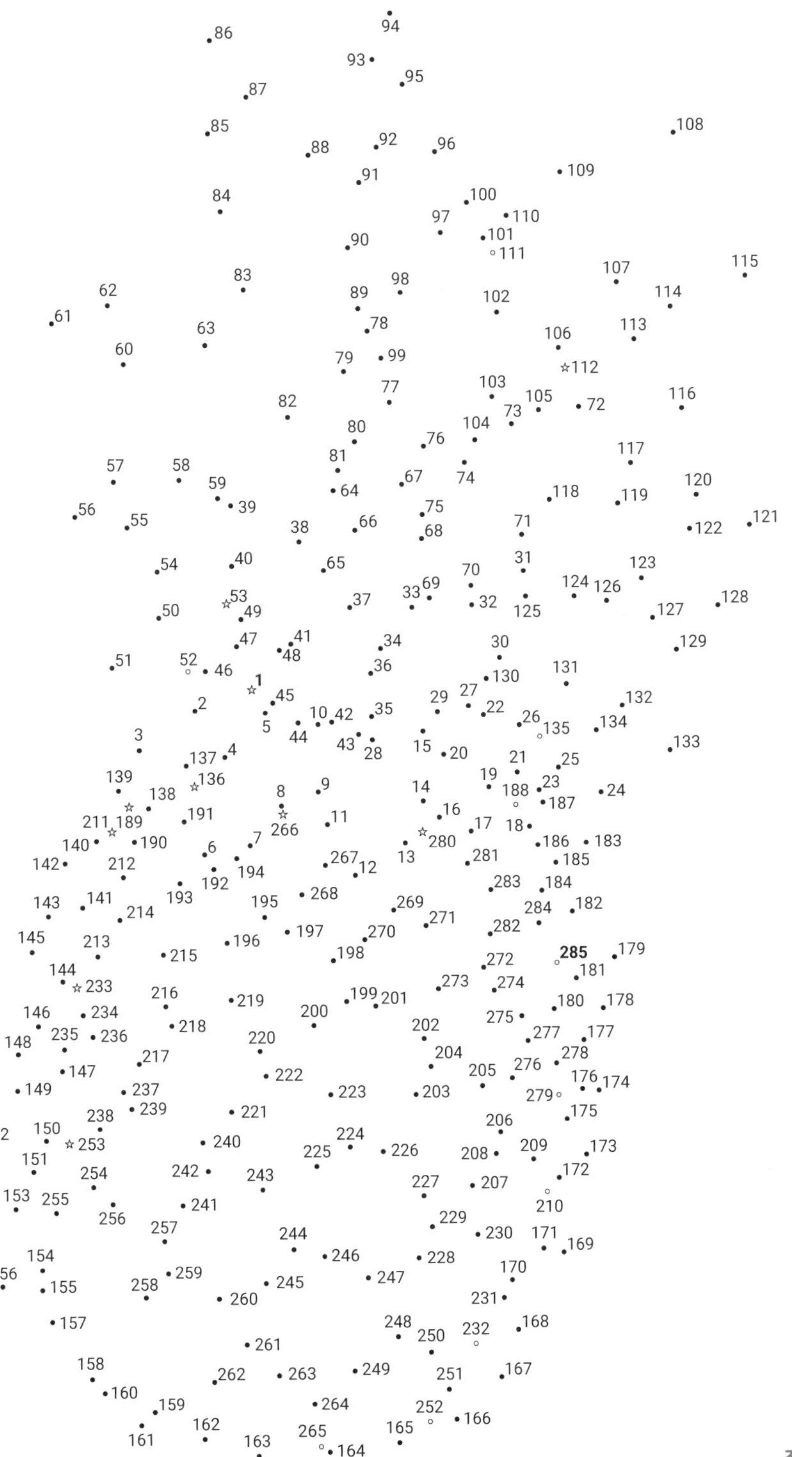

정답 105쪽

52 영어 낱말 퍼즐

가로축

1 '시각적인'이라는 뜻을 지닌 형용사.
5 동물의 허릿살, 엉덩잇살.
10 '싸게, 저렴하게'라는 뜻을 지닌 부사.
11 '단언하다, 주장하다'라는 뜻의 동사로 3인칭 단수형.
12 경쾌한 레코드 음악에 맞춰 자유롭게 추는 춤. 가수 엄정화 노래 제목에도 있다.
13 힌두교도들이 수행하며 거주하는 곳.
15 단체 구성원.
17 '태아'를 뜻하는 단어. '초기 단계, 풋내기'를 표현할 때 쓰기도 한다.
19 '발명하다, 만들어내다'라는 뜻의 동사.
20 용접을 하거나 숯에 불을 붙일 때 사용하고, 요리를 할 때 사용하는 가정용도 있다.
23 '공동의, 관절, 연결 부위, 구운 고기' 등 다양한 뜻을 지닌 단어.
24 다양한 춤을 잘 추는 사람을 비유적으로 'dancing ○○○○○○○'이라고 부른다.
25 동사로는 '타다, 승마하다', 명사로는 '놀이동산, 놀이기구'를 뜻하는 단어.
26 '장난, 어리석은 짓'을 뜻하는 명사.

세로축

2 문학의 한 장르로 말로 된 노래를 의미한다. 복수형.
3 '개혁, 개선'을 뜻하는 명사. 복수형. 동사형은 improve.
4 '그런데, 그건 그렇고'라는 뜻으로 화제를 전환할 때 많이 쓴다.
6 '옥외, 야외'이라는 뜻의 명사.
7 새가 보금자리를 만들어 알을 낳고 사는 곳.
8 '전문가 학교, 학술원, 사립학교' 등을 뜻하는 말로 우리나라에서는 학원을 지칭할 때 주로 쓴다.
9 '수학적인'이라는 뜻의 형용사.
14 달팽이관.
16 인류.
18 음악에서 '이전의 빠르기로'를 뜻하는 단어.
21 '군주로서 통치하다, 통치 기간'을 뜻하는 단어.
22 '약간 열린'이라는 뜻의 형용사.

정답 105쪽

53 미로 찾기

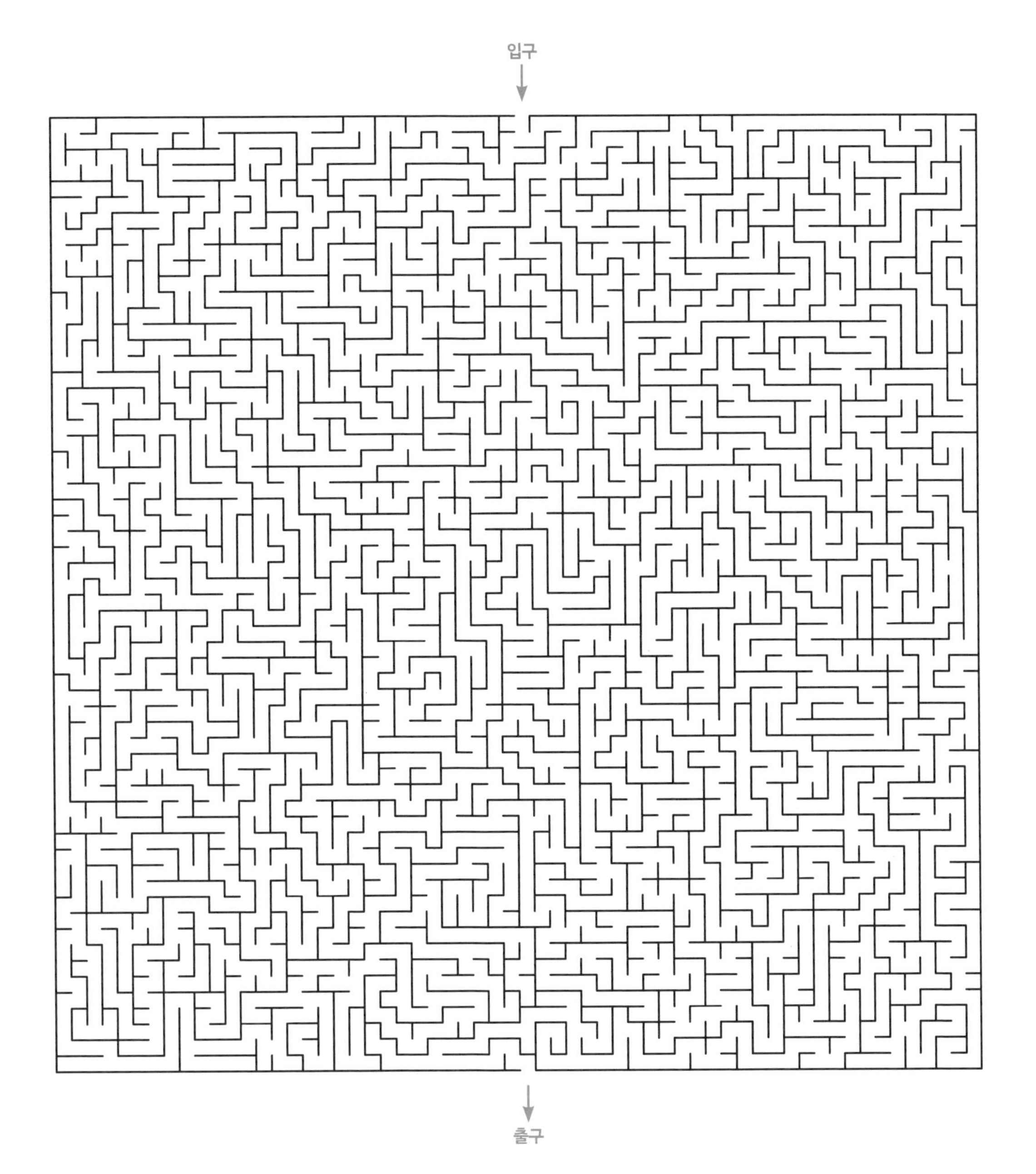

정답 105쪽

54 한글 낱말 퍼즐

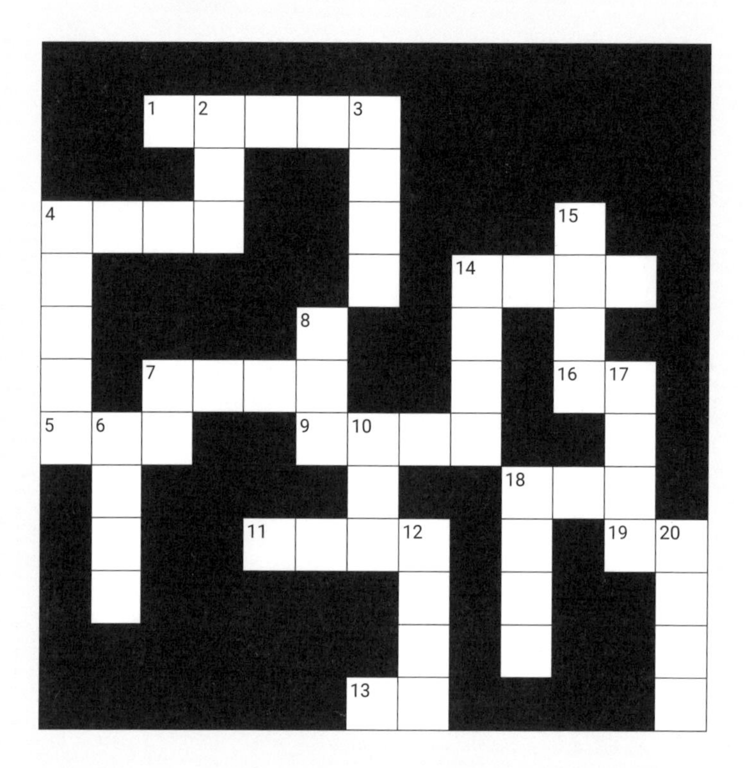

가로축

1 정보와 전염병의 합성어로 무분별한 정보 확산으로 인해 생기는 부작용을 뜻한다.
4 독일어권과 영어권 백인들의 뿌리가 된 민족. 게르만어를 사용한 민족의 총칭.
5 저작자가 자신이 창작한 저작물에 대해서 갖는 권리.
7 동물성 음식을 피하고 식물성 음식을 먹는 것.
9 18세기 중엽 영국에서 시작된 기술 혁신에 의하여 일어난 사회, 경제 구조상의 변혁.
11 우리나라 민간 신앙 중 하나로 집터를 지키는 신이다. 어떤 모임에서 제일 오래 몸담고 있는 사람을 뜻하는 말.
13 다시마나 죽순 따위를 잘라 기름에 튀긴 반찬.
14 장래의 일정한 기일에 현물을 인수, 인도할 것을 조건으로 하여 매매 약정을 맺는 거래.
16 이십사절기 중 하나. 일 년 중 낮이 가장 짧고 밤이 가장 길다.
18 빛과 물체가 있는 곳에는 반드시 있는 것.
19 자연 그대로의 것. 생긴 그대로의 타고난 상태.

세로축

2 가격이 비싸더라도 스스로 가치를 두는 제품에 과감히 투자하는 소비자들을 일컫는 신조어.
3 기업이 임직원에게 일정 수량 자기 회사의 주식을 일정한 가격으로 매수할 수 있는 권리를 부여하는 제도.
4 어떤 일에서 결과나 흐름의 판도를 뒤바꿔놓을 만한 중요한 역할을 한 인물을 일컫는 말.
6 결심한 마음이 사흘을 가지 못하고 느슨하게 풀어짐.
7 자금 조달을 위해 발행하는 차용증서.
8 춘천을 대표하는 산으로 봉황이 날개를 펴 기품 있게 내려앉은 모습으로 보여 붙여진 이름.
10 저승의 입구에 있다는 거울. 지나가는 사람의 생전 행실을 그대로 비춘다고 한다.
12 토지를 제외한 고정 자산에 생기는 가치의 소모를 셈하는 회계상의 절차.
14 어떤 일이 일어나기 전에 미리 앞을 내다보고 아는 지혜.
15 경솔하여 생각 없이 행동함. 또는 그런 행동.
17 기업이 가진 각종 특허권, 상표권, 영업권, 기술 등 무형자산과 이러한 자산을 운영하는 연구 개발, 창의력, 노하우, 관리 능력, 기업의 이미지 등을 의미한다.
18 그리스의 유럽연합 탈퇴를 의미하는 단어.
20 생성 물질의 하나가 다시 반응물로 작용해 생성과 소멸을 계속하는 반응. 사슬반응과 비슷한 말.

정답 105쪽

☆에서 시작한 다음 ○를 만날 때까지 숫자가 커지는 순서대로 점을 연결하세요.

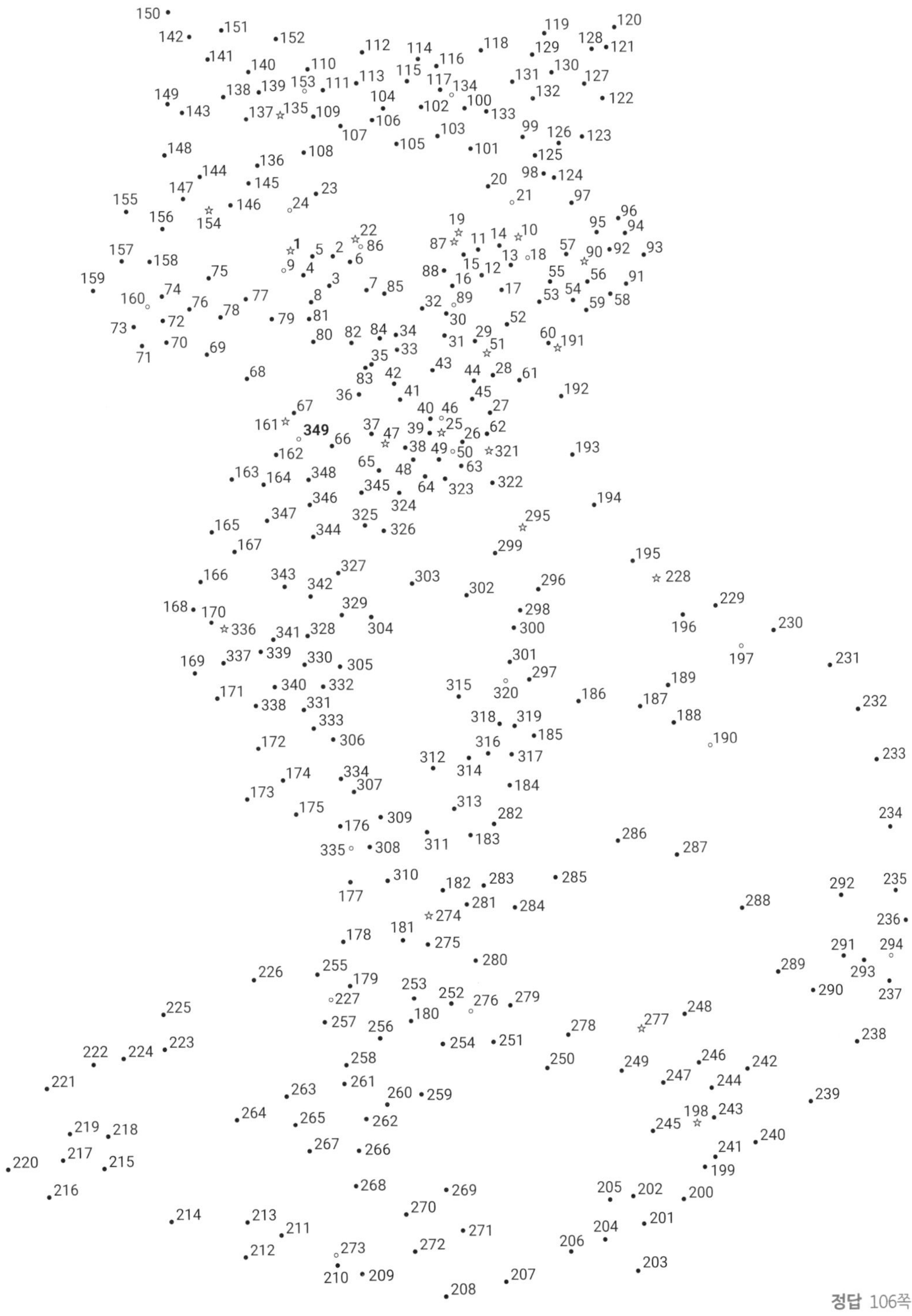

정답 106쪽

☆에서 시작한 다음 ○를 만날 때까지 숫자가 커지는 순서대로 점을 연결하세요.

정답 106쪽

57 네모로직

그림 모양 힌트: 심을 준비 완료

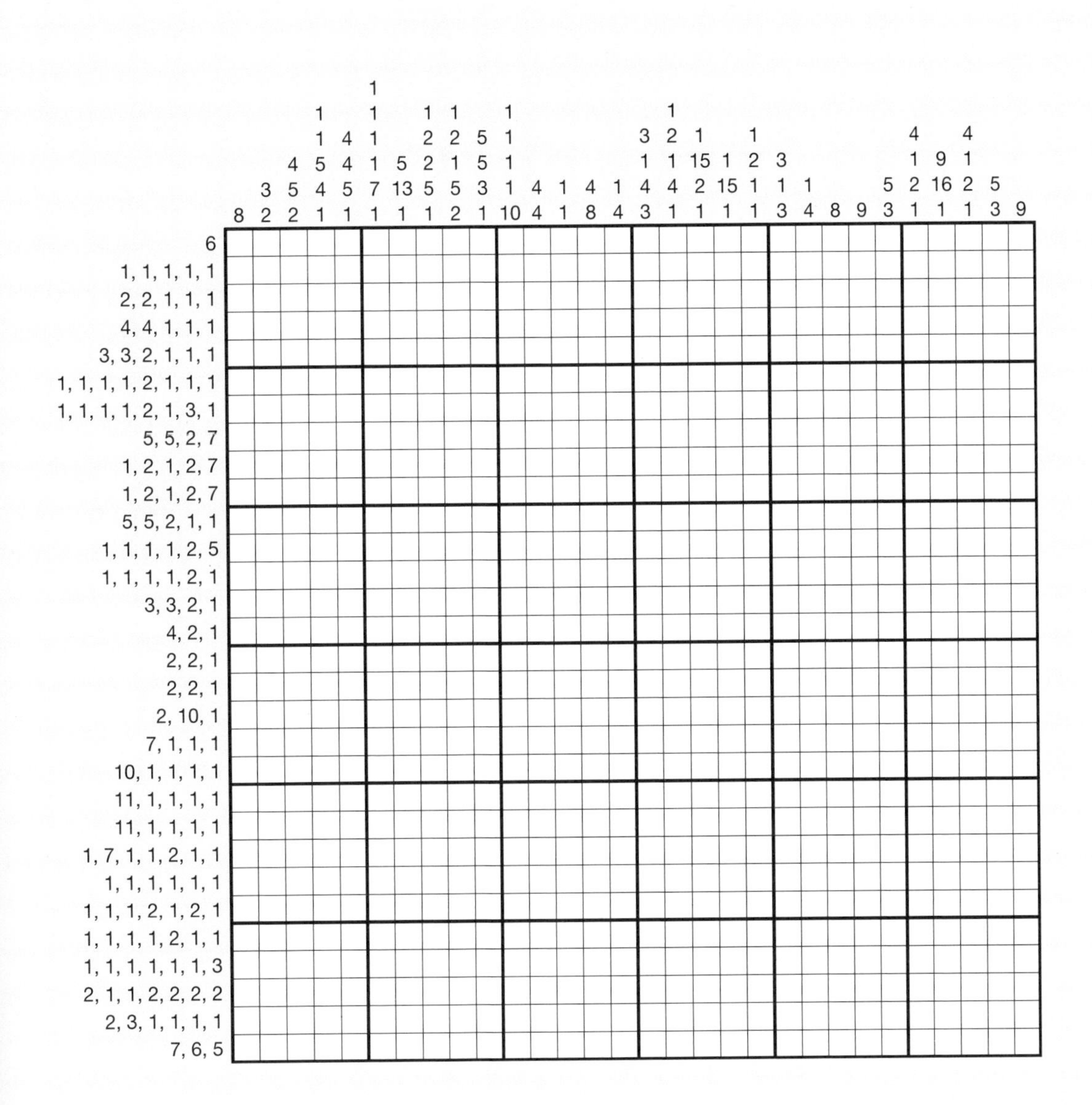

정답 106쪽

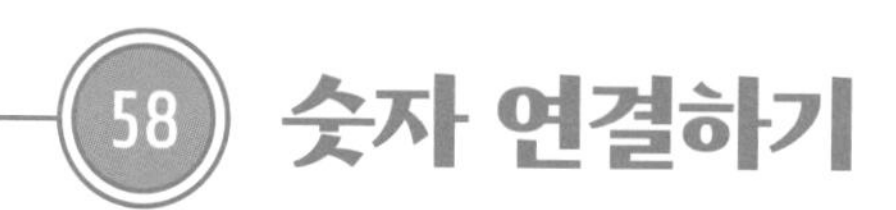

58 숫자 연결하기

☆에서 시작한 다음 O를 만날 때까지 숫자가 커지는 순서대로 점을 연결하세요.

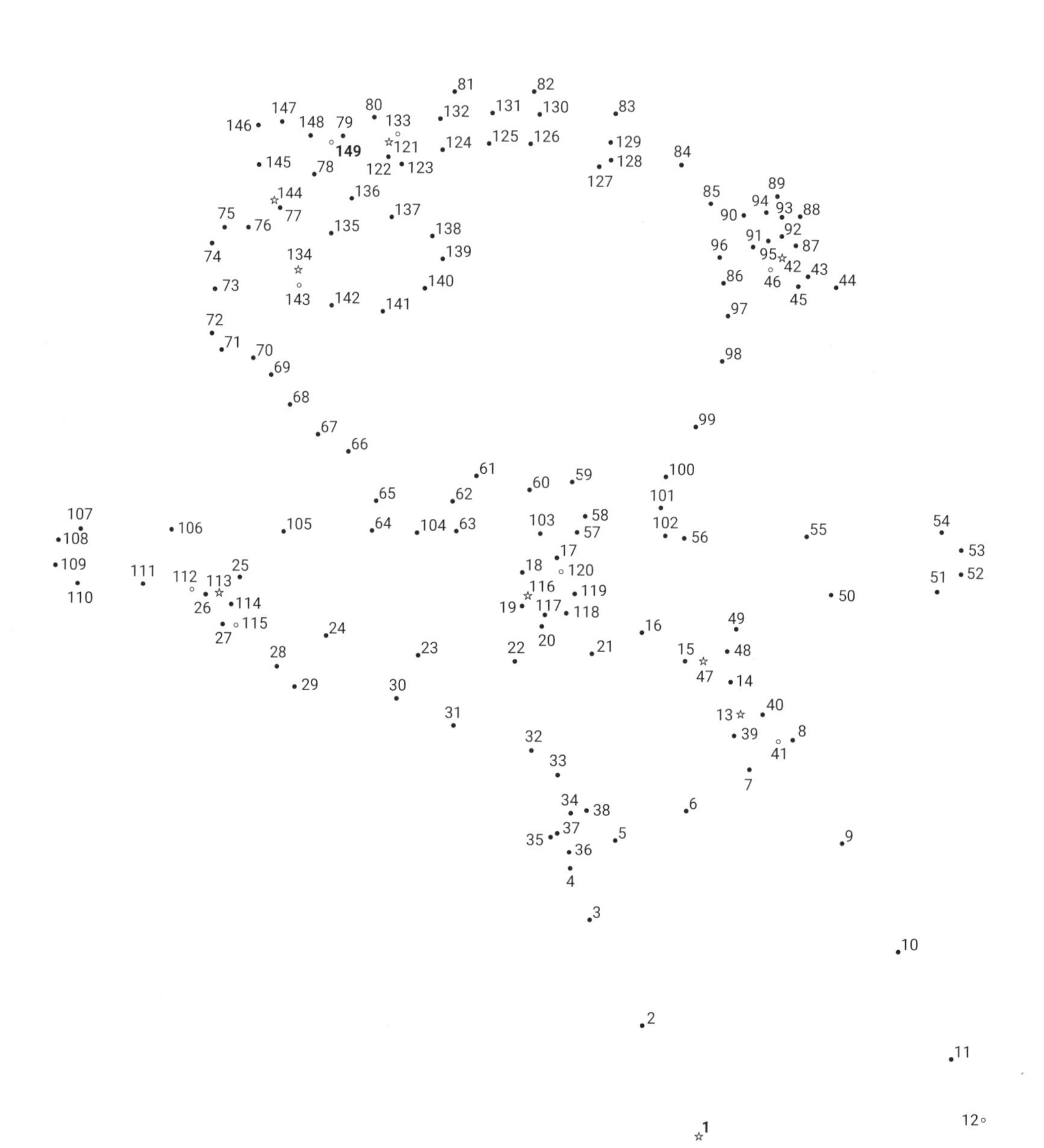

정답 106쪽

59 단어 찾기

보기의 단어를 가로, 세로, 정방향, 역방향, 대각선으로 찾아보세요.

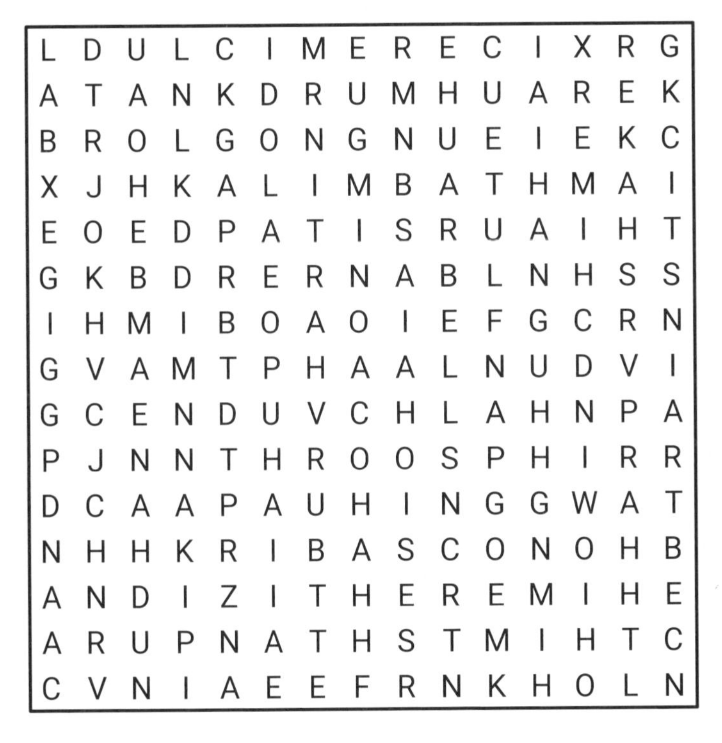

평화로운 악기 소리

BELL 종소리
DJEMBE 젬베
DULCIMER 덜시머
GHANTA 종
GONG 징
HANDPANS 핸드팬
HANG 행
HARP 하프
KALIMBA 칼림바
MONOCHORD 일현금
PAN FLUTE 팬 플루트
RAINSTICK 레인 스틱
SHAKER 셰이커
SHRUTI BOX 스루티 박스
TANK DRUM 탱크 드럼
TANPURA 탄푸라
TINGSHA 팅샤
VOICE 목소리
WIND CHIME 바람 소리
ZITHER 치터

정답 106쪽

60 스도쿠

			3	9	7			
	1		4		6		2	
		6		2		7		
9	7						6	1
4		8				3		5
2	5						4	9
		2		3		4		
	8		2		9		3	
			8	6	4			

정답 106쪽

3				8				5
	6		5		3		9	
		5				8		
	5		7		9		4	
2				4				3
	7		8		2		1	
		2				1		
	9		4		6		5	
6				7				9

정답 107쪽

☆에서 시작한 다음 ○를 만날 때까지 숫자가 커지는 순서대로 점을 연결하세요.

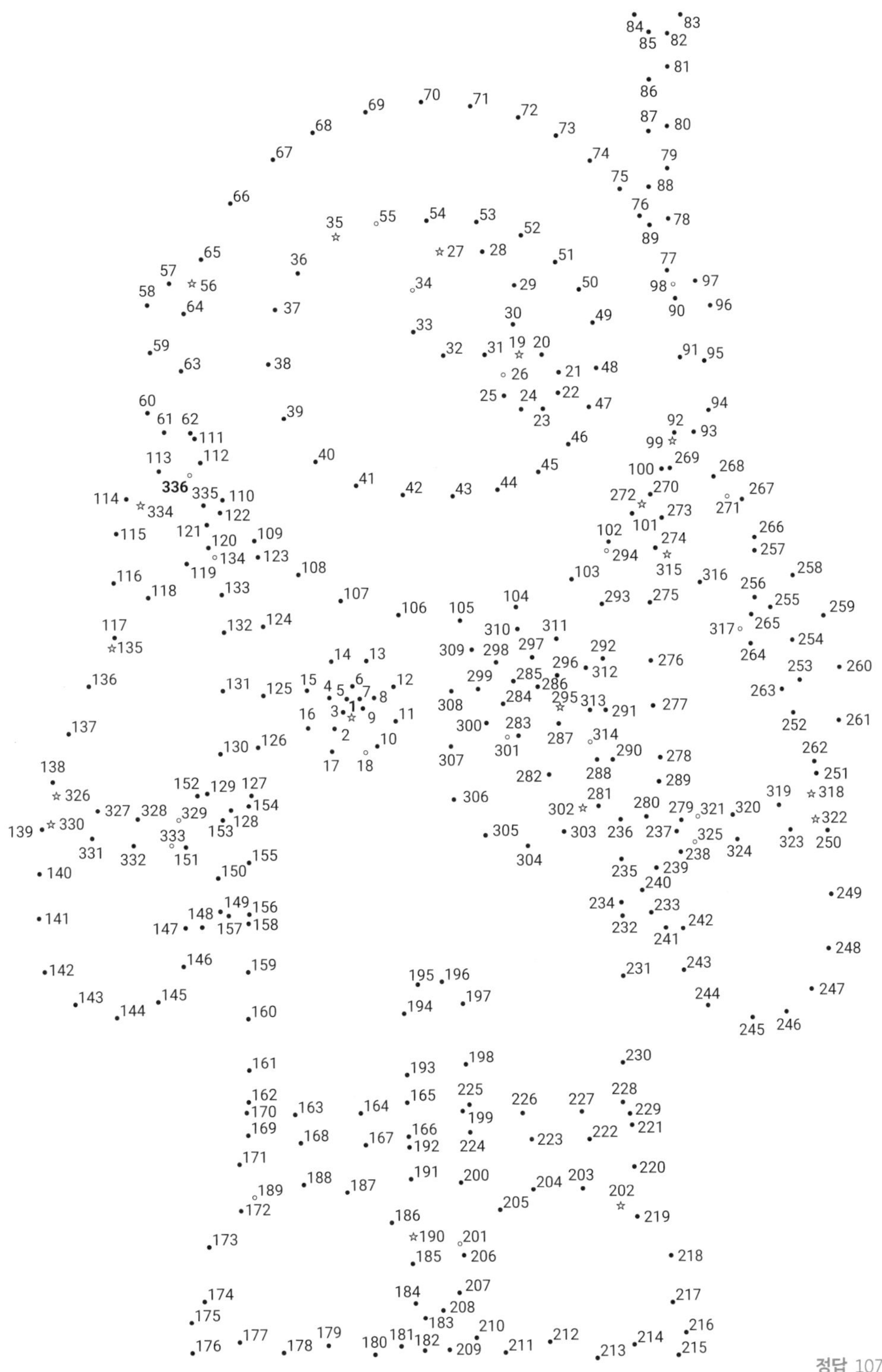

정답 107쪽

63 네모로직

그림 모양 힌트: 화가의 도구

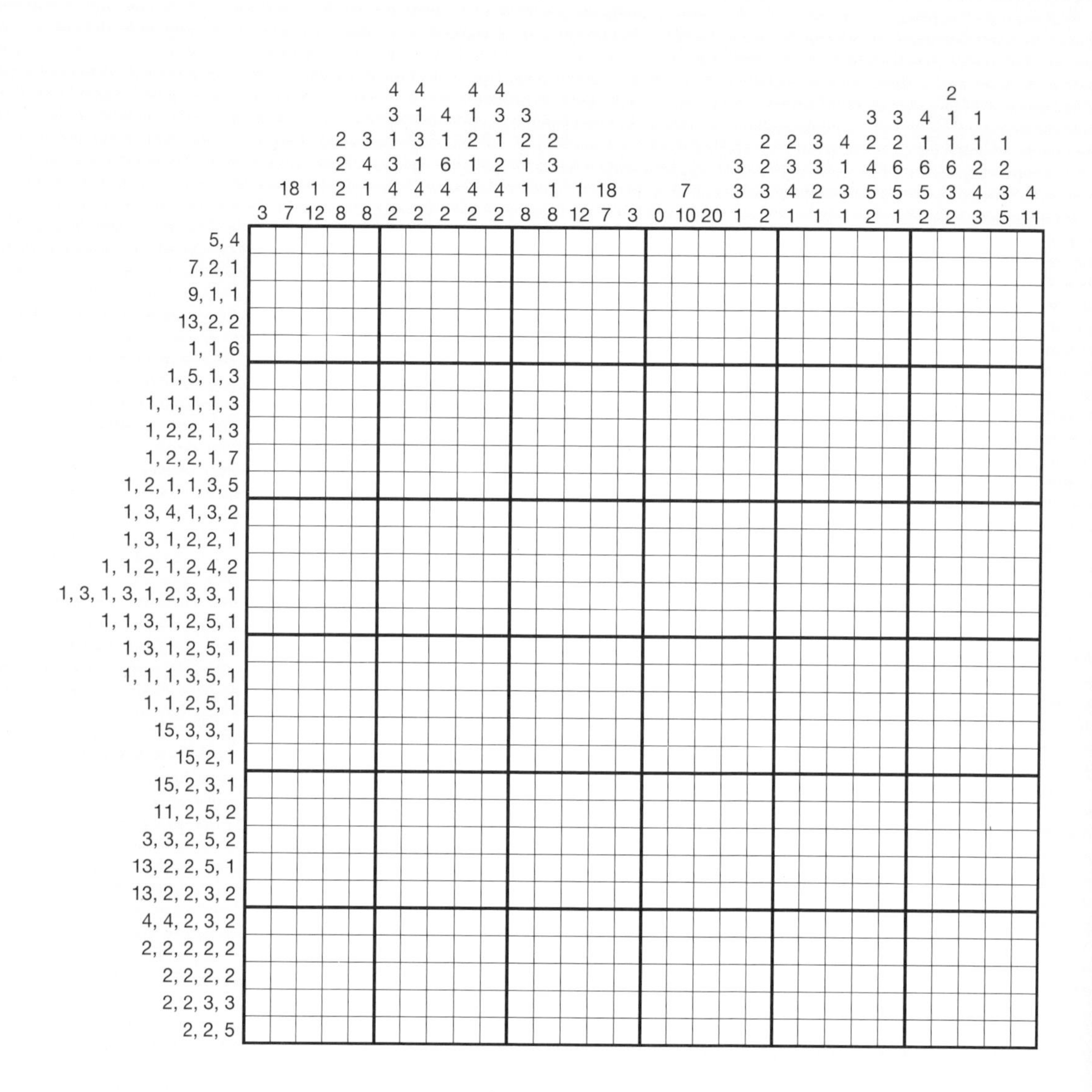

정답 107쪽

64 숫자 연결하기

☆에서 시작한 다음 ○를 만날 때까지 숫자가 커지는 순서대로 점을 연결하세요.

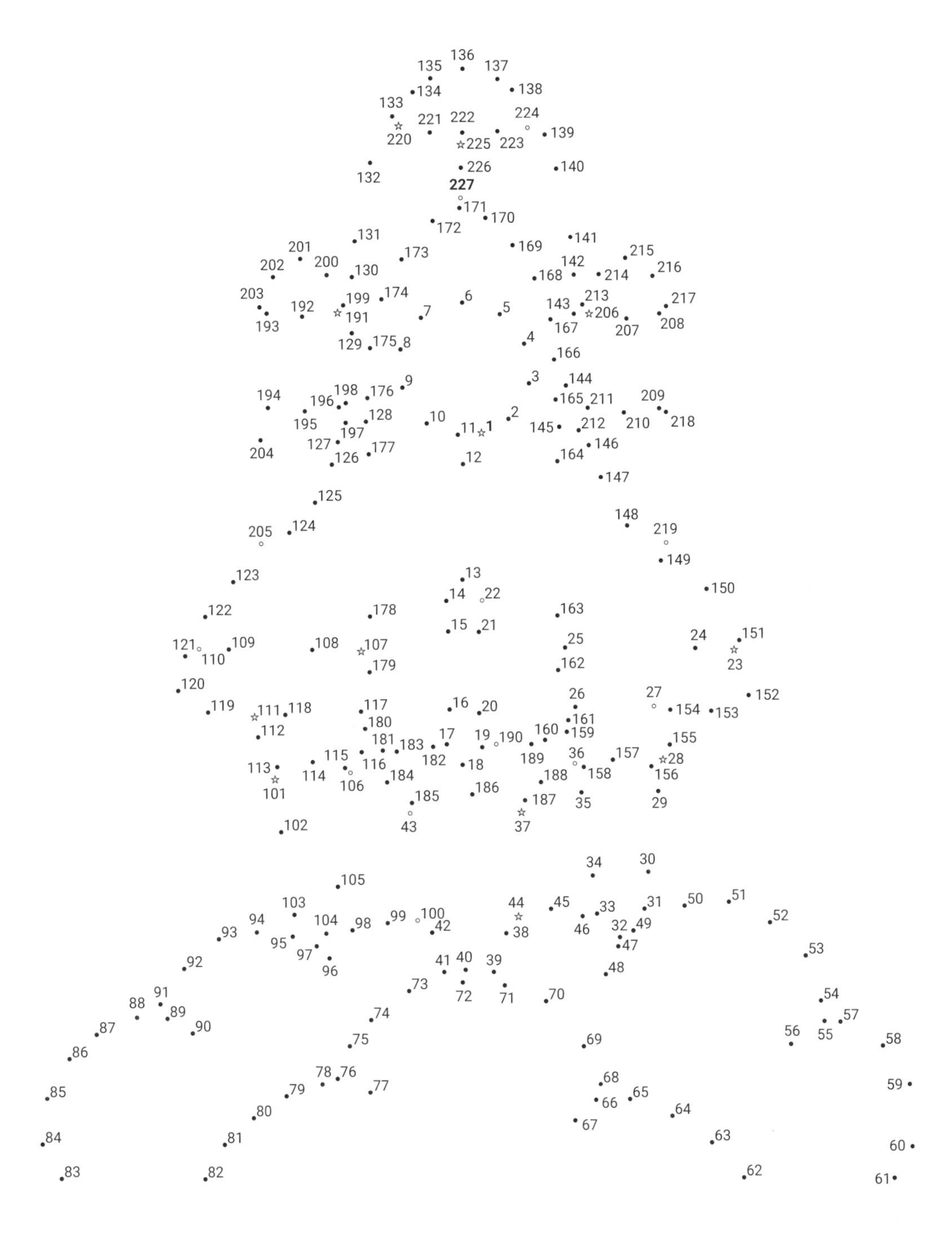

정답 107쪽

65 스도쿠

2			4		7			6
		8		5		2		
	3		9		2		7	
3		9				7		1
	5						9	
7		2				3		4
	2		8		6		4	
		6		7		8		
8			5		4			3

정답 107쪽

66 스도쿠

2			5	3	9			4
	9						3	
				4				
1				7				2
4		3	1		2	9		7
9				8				5
				2				
	1						7	
6			3	9	4			8

정답 107쪽

☆에서 시작한 다음 ○를 만날 때까지 숫자가 커지는 순서대로 점을 연결하세요.

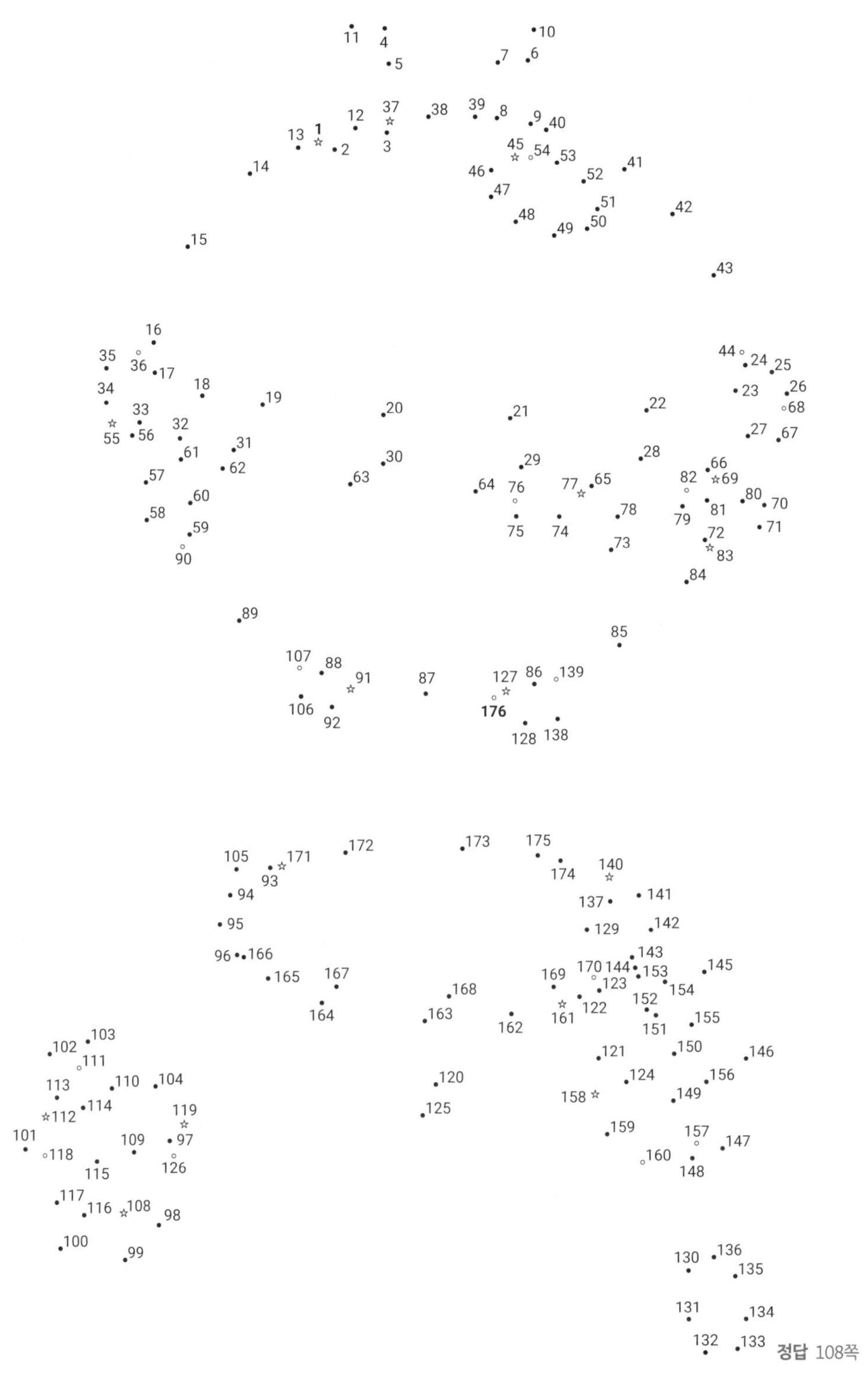

정답 108쪽

69 단어 찾기

보기의 단어를 가로, 세로, 정방향, 역방향, 대각선으로 찾아보세요.

C	E	C	A	P	S	G	N	I	H	T	A	E	R	B
N	A	E	I	T	S	T	R	E	S	P	I	T	E	D
O	T	T	N	T	S	T	A	N	D	S	T	I	L	L
I	N	A	C	O	L	T	L	I	A	T	R	I	A	P
S	E	E	N	H	I	U	N	U	N	C	S	D	A	U
N	M	T	O	O	Y	S	L	E	T	H	J	T	E	W
E	E	S	E	S	I	O	S	L	M	O	A	T	H	O
P	N	S	I	K	R	S	U	I	U	R	C	L	T	F
S	O	E	K	F	I	I	S	R	M	E	E	I	T	R
U	P	C	A	L	L	R	N	I	B	R	O	F	L	I
S	T	E	E	L	L	M	T	S	M	R	E	E	E	R
T	S	R	R	U	E	I	G	S	E	E	E	T	T	D
S	O	T	B	N	H	A	D	E	T	H	R	A	N	E
E	P	M	T	E	D	U	L	R	E	T	N	I	T	I
R	S	T	O	P	P	A	G	E	E	S	U	A	P	H

여유를 가지세요

ADJOURNMENT 휴회
BREAK 휴식
BREATHING SPACE 숨 돌릴 틈
CATCH YOUR BREATH 한숨 돌리다
DEFERMENT 연기
HALT 멈추다
INTERLUDE 막간
INTERMISSION 중간 휴식
LULL 잠잠한 시기
PAUSE 멈춤
POSTPONEMENT 연기
RECESS 휴식
REMISSION 진정
RESPITE 유예
REST 휴식
STANDSTILL 정지
STOPPAGE 멈춤
STRIKE 파업
SUSPENSION 연기
WAIT 기다림

정답 108쪽

70 단어 찾기

보기의 단어를 가로, 세로, 정방향, 역방향, 대각선으로 찾아보세요.

N	S	G	S	K	W	A	H	T	H	G	I	N	E	T
T	U	A	T	D	A	V	I	D	T	S	S	I	H	A
H	N	C	U	E	E	D	E	H	R	T	D	E	R	M
E	F	I	P	H	I	B	E	E	A	N	B	E	O	E
U	L	N	E	L	Y	K	H	R	U	I	K	M	P	R
M	O	R	F	M	I	T	R	M	R	N	R	A	H	I
B	W	E	H	S	A	Y	R	T	I	B	S	E	E	C
R	E	U	S	B	N	O	H	H	S	E	S	R	L	A
E	R	G	E	I	T	O	T	E	V	E	V	C	I	N
L	S	H	G	A	F	E	I	N	T	T	A	S	A	G
L	T	H	V	V	H	Y	T	I	R	E	V	E	G	O
A	T	L	E	T	S	R	E	V	O	L	E	H	T	T
S	A	N	M	O	N	A	L	I	S	A	T	T	E	H
S	U	O	O	L	I	M	E	D	S	U	N	E	V	I
S	R	E	P	P	U	S	T	S	A	L	E	H	T	C

미술작품

AMERICAN GOTHIC 아메리칸 고딕
DAVID 다비드상
GUERNICA 게르니카
MONA LISA 모나리자
MY BED 나의 침대
NIGHTHAWKS 나이트호크
OPHELIA 오필리아
SALVATOR MUNDI 살바토르 문디
STARRY NIGHT 별빛 밝은 밤
SUNFLOWERS 해바라기
THE BATHERS 목욕하는 사람들
THE BIRTH OF VENUS 비너스의 탄생
THE KISS 키스(연인)
THE LAST SUPPER 최후의 만찬
THE LOVERS 연인들
THE SCREAM 절규
THE THINKER 생각하는 사람
THE UMBRELLAS 우산
VENUS DE MILO 밀로의 비너스
VERITY 진실

정답 108쪽

☆에서 시작한 다음 ○를 만날 때까지 숫자가 커지는 순서대로 점을 연결하세요.

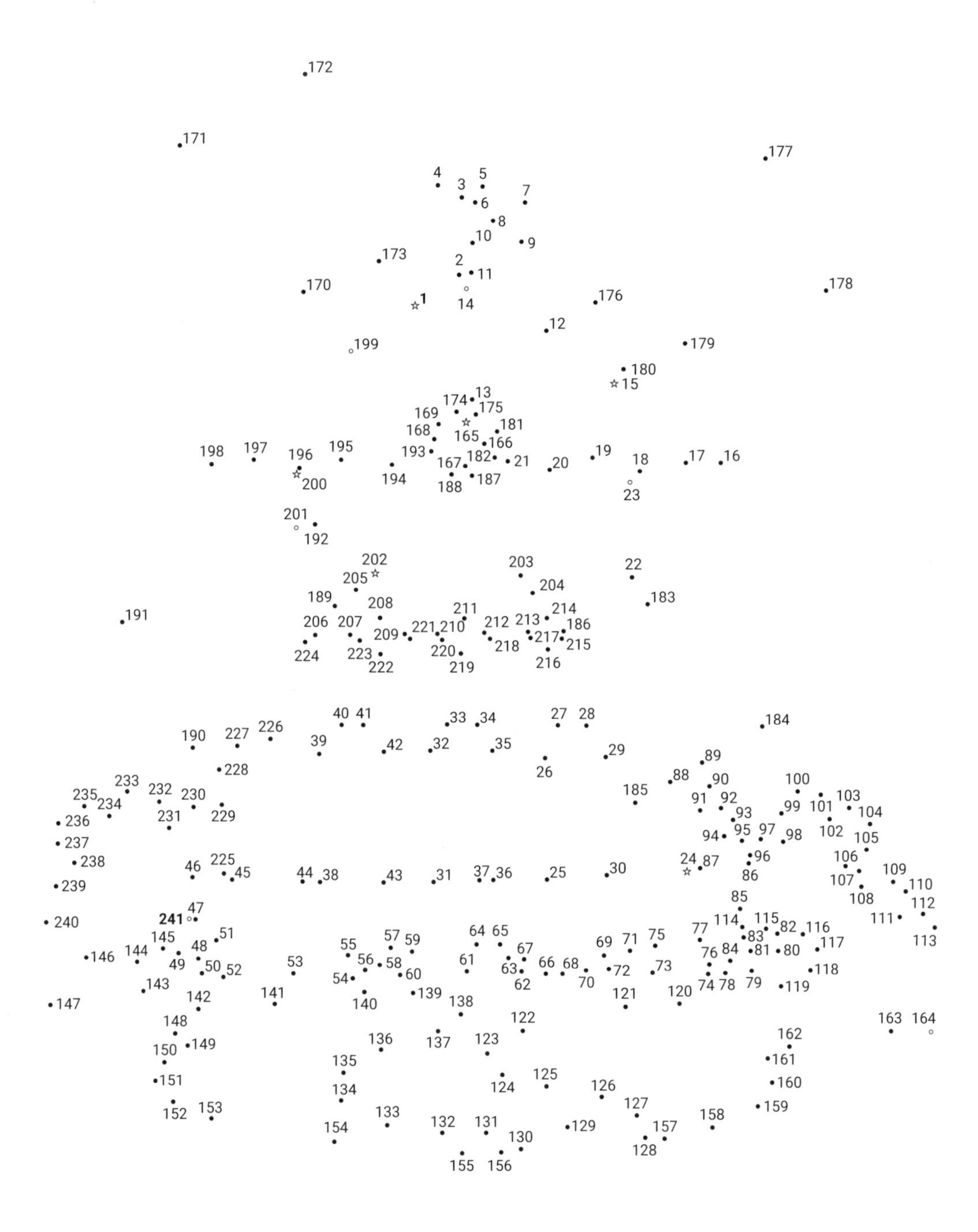

정답 108쪽

72 미로 찾기

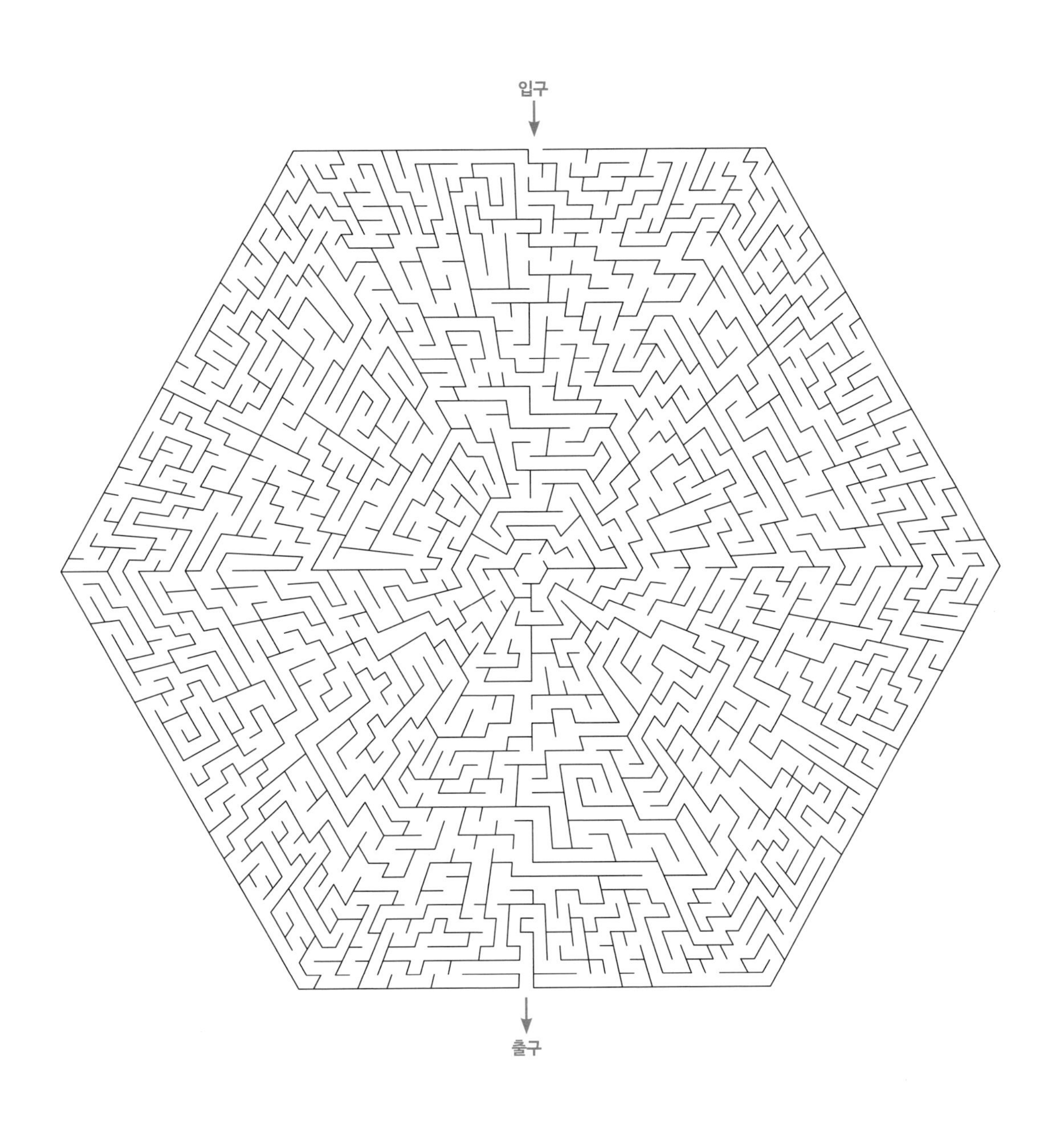

정답 108쪽

☆에서 시작한 다음 ○를 만날 때까지 숫자가 커지는 순서대로 점을 연결하세요.

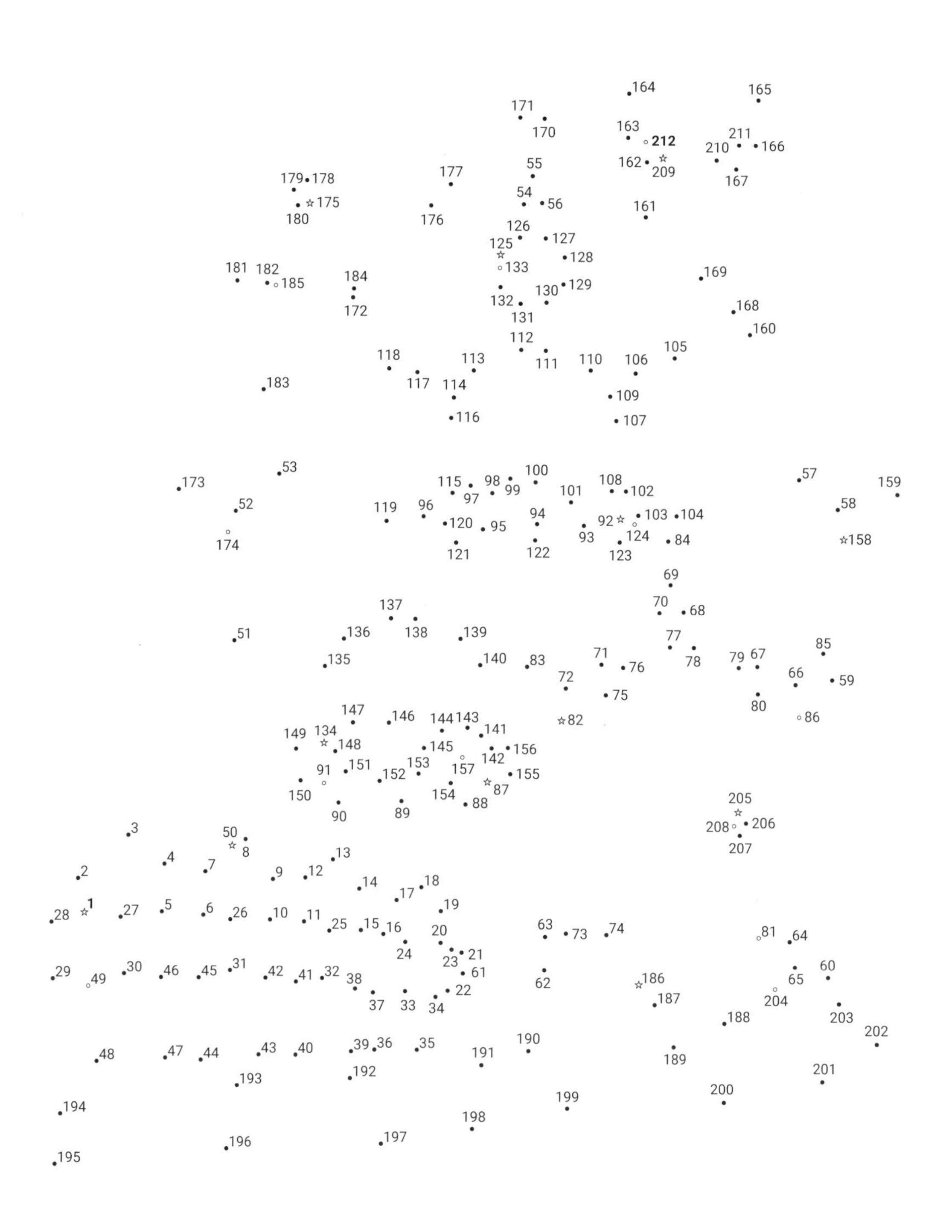

정답 108쪽

다른 그림 찾기

서로 다른 부분 **15군데**를 찾으세요.

* 좌우 또는 상하 반전된 개미는 1군데로 칩니다.
* 배경과 개미의 위치도 유심히 살펴보세요.

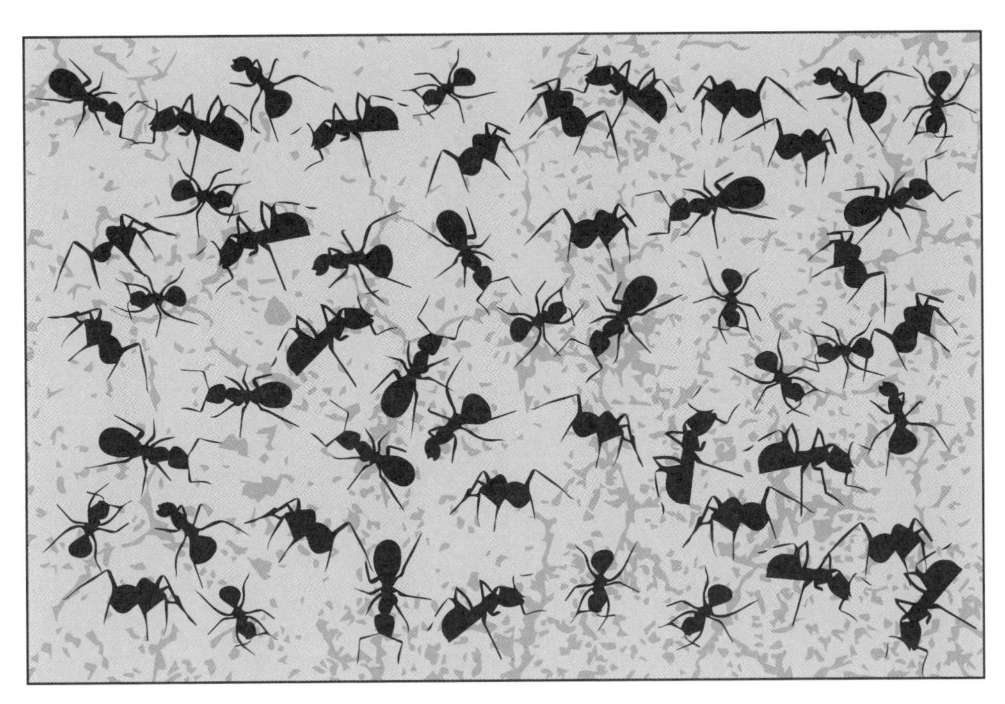

정답 109쪽

75 숫자 연결하기

☆에서 시작한 다음 ○를 만날 때까지 숫자가 커지는 순서대로 점을 연결하세요.

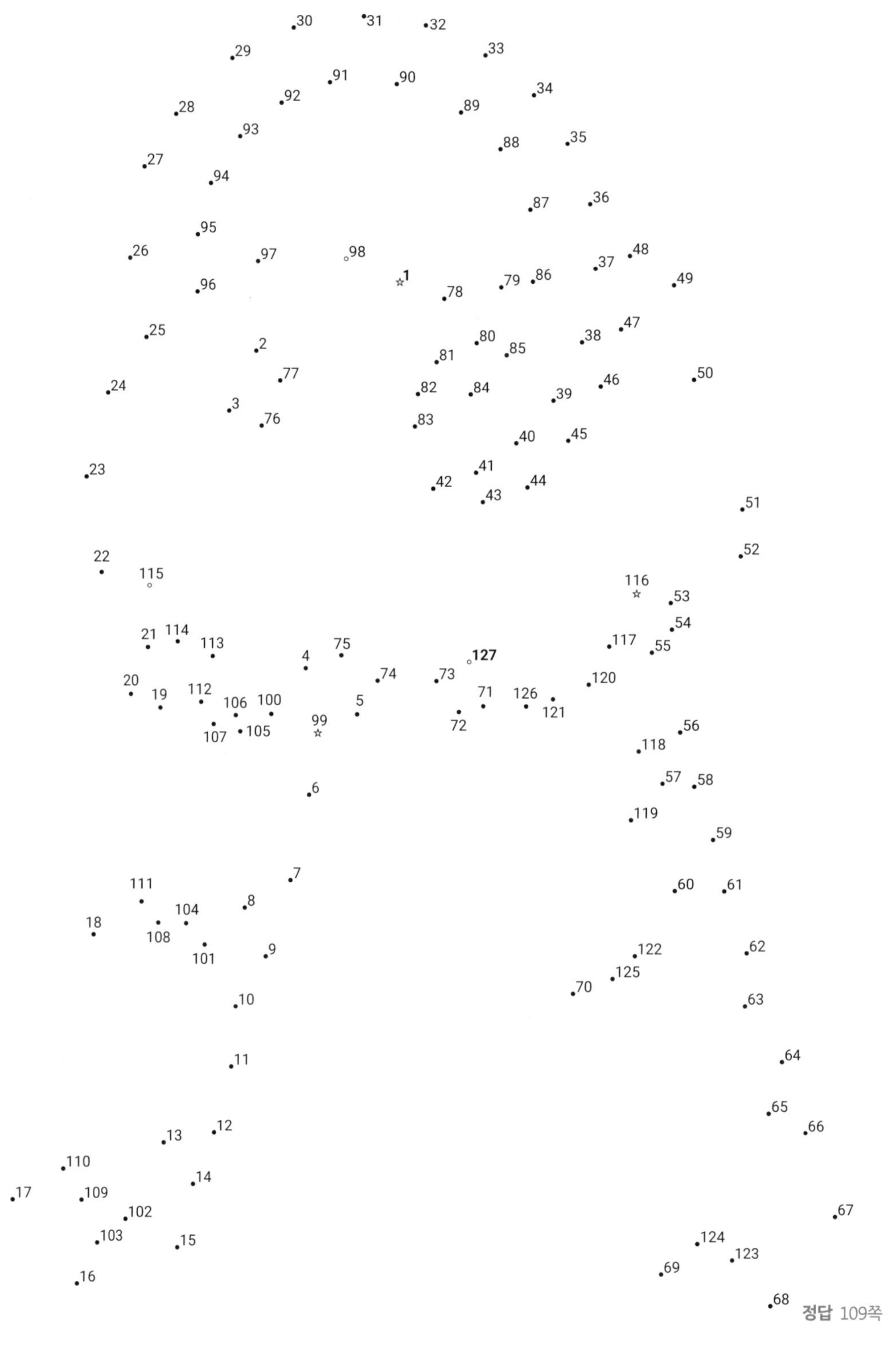

정답 109쪽

그림 모양 힌트: 야외 캠핑

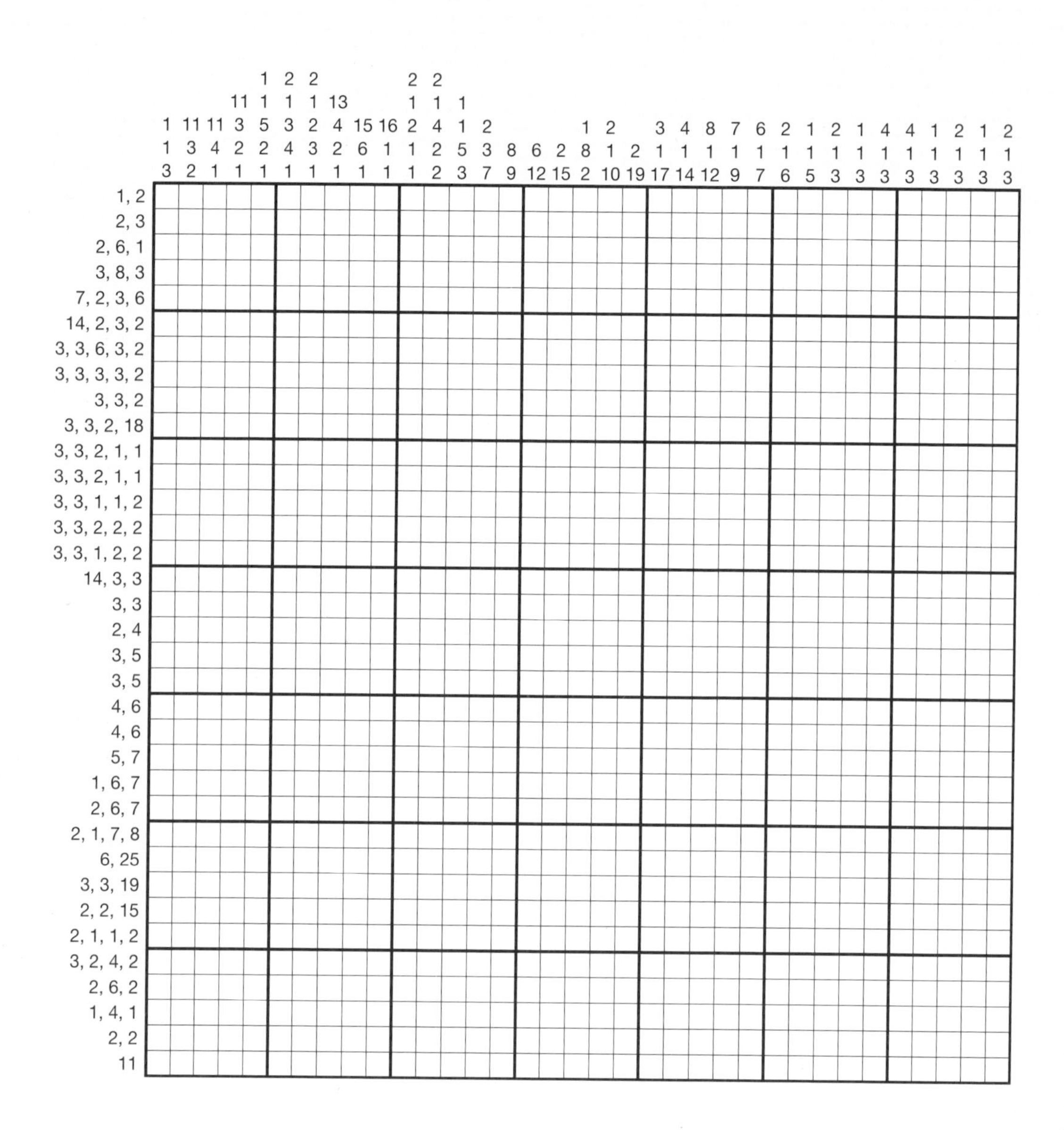

정답 109쪽

78 미로 찾기

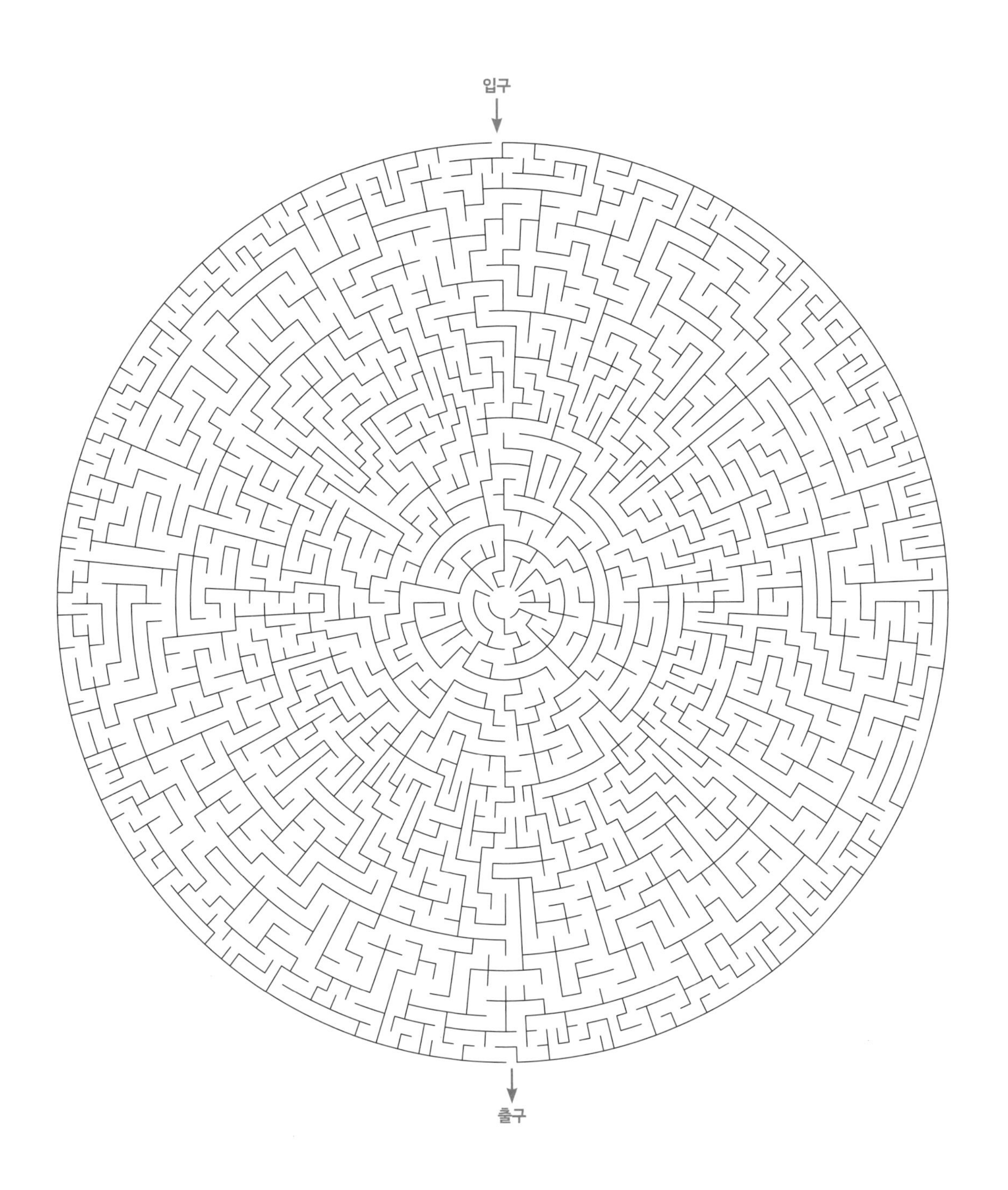

정답 109쪽

79 단어 찾기

보기의 단어를 가로, 세로, 정방향, 역방향, 대각선으로 찾아보세요.

P	S	T	N	A	L	P	R	G	T	C	S	S	G	S
B	D	P	A	T	H	S	C	S	P	Y	R	N	O	E
S	I	N	C	O	S	R	F	L	O	W	E	R	S	P
S	R	R	U	W	U	P	R	T	M	Y	G	P	F	O
T	S	Y	D	O	U	T	F	A	M	S	G	L	E	L
R	R	D	S	S	R	E	D	E	I	E	O	S	E	S
E	F	O	D	S	N	G	R	O	N	L	J	I	F	R
E	N	B	P	P	C	R	Y	U	O	C	I	C	R	D
S	T	S	I	L	C	Y	C	A	T	R	E	N	T	A
I	U	M	G	R	A	S	S	I	L	P	G	S	G	L
Y	E	U	T	A	T	S	P	D	N	P	L	Y	E	S
U	B	U	S	H	E	S	Y	B	S	C	G	U	M	R
O	I	U	T	M	A	E	R	T	S	Y	I	S	C	F
E	P	O	N	D	R	U	L	S	D	S	R	P	O	S
C	P	R	L	G	A	R	D	E	N	E	R	C	S	E

공원 산책

BIRDS 새
BUSHES 관목
CYCLISTS 자전거 타는 사람
FENCES 울타리
FLOWERS 꽃
GARDENER 정원사
GRASS 잔디
JOGGERS 조깅하는 사람
OUTDOOR GYM 야외 체육관
PATHS 길
PICNIC 소풍
PLANTS 식물
PLAYGROUND 놀이터
POND 연못
RAILINGS 난간
SCULPTURE 조각품
SLOPES 경사지
STATUE 조각상
STREAM 개울
TREES 나무

정답 109쪽

81 다른 그림 찾기

서로 다른 부분 **15군데**를 찾으세요.

정답 109쪽

82 단어 찾기

보기의 단어를 가로, 세로, 정방향, 역방향, 대각선으로 찾아보세요.

I Y L Y R T E O P E I L A D N
W K L R O E P A I N T I N G S
Y A M I C O S I T F Y U O S L
O A L A M Q T I U R A R P N A
S A A K N A U N C S E S L O M
T T F E S O F O D R T E O I I
E L S K O O B N T A E O S T N
P N O I G I L E R E N X U A A
G L P R F Y D S T C S C E S E
E E I L C R C L O U D S E R X
R V C S A I I E P S P N O E E
C A E S W N S E S D P A F V T
A R L N V R T U N U O D E N N
O T I S T R S S M D I A N O R
F A S S P S N I F S S L P C S

영감을 주는 것

ANIMALS 동물
BOOKS 책
CLOUDS 구름
CONVERSATIONS 대화
DANCE 춤
EVENTS 행사
EXERCISE 운동
FAMILY 가족
FRIENDS 친구
MUSIC 음악
PAINTINGS 그림
PETS 반려동물
PLANTS 식물
POETRY 시
QUOTES 인용문
RELIGION 종교
STARS 별
TRAVEL 여행
TREES 나무
WALKS 산책

정답 110쪽

83 단어 찾기

보기의 단어를 가로, 세로, 정방향, 역방향, 대각선으로 찾아보세요.

C E O E L A V E N D E R V E E
R M S E N T H Y M E U R A N I
N O N B N T G N O M A N N I C
R L W L E I S N L E U D I P N
O O N R G E M C B A S I L R R
T G R L E S L S C C B G L G E
S L E A G W E M A L S V A V N
C E N M N B O P Y J G E O V S
I N I I T G A L I N T L I M L
N G V M A U E Y F A C O L V G
A I L O R E N N E R L E G A S
L N E E F S I E U E E R A V L
V G M B E I S O T R H D O R D
N E O E T O M A G R E B L H R
S R N N C E D A R L N N E E M

에센셜 오일 향기

BASIL 바질
BAY 월계수
BERGAMOT 베르가못
CEDAR 삼나무
CINNAMON 시나몬
CLOVE 클로브
ELDERFLOWER 딱총나무 꽃
GINGER 생강
JASMINE 자스민
LAVENDER 라벤더
LEMON 레몬
NEROLI 네롤리
NUTMEG 너트맥
ORANGE 오렌지
PINE 소나무
ROSE 장미
SAGE 세이지
THYME 타임
VANILLA 바닐라
VIOLET 바이올렛

정답 110쪽

84 네모로직

그림 모양 힌트: 안아주고 싶어

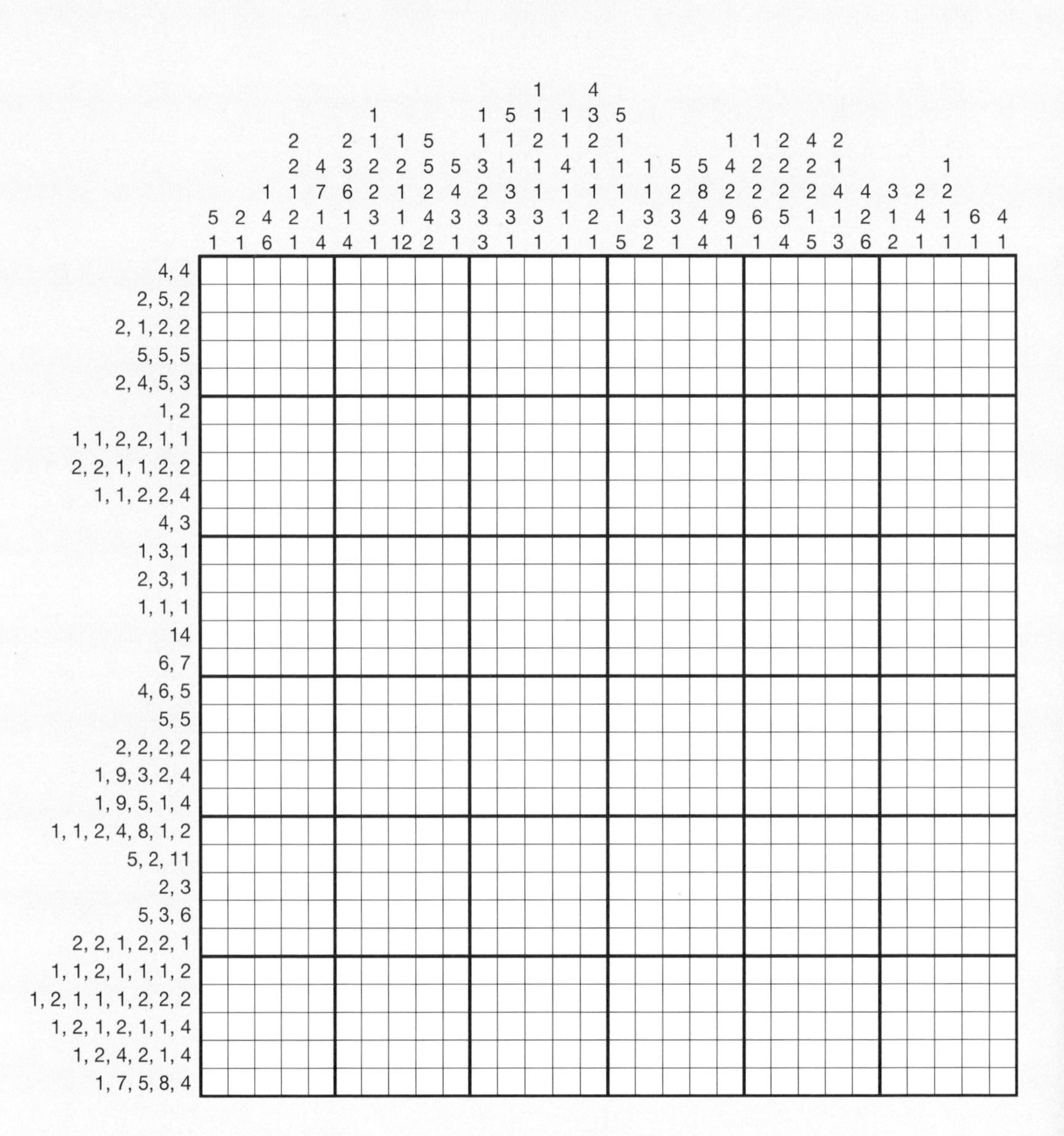

정답 110쪽

다른 그림 찾기

서로 다른 부분 **15군데**를 찾으세요.

정답 110쪽

87 한글 낱말 퍼즐

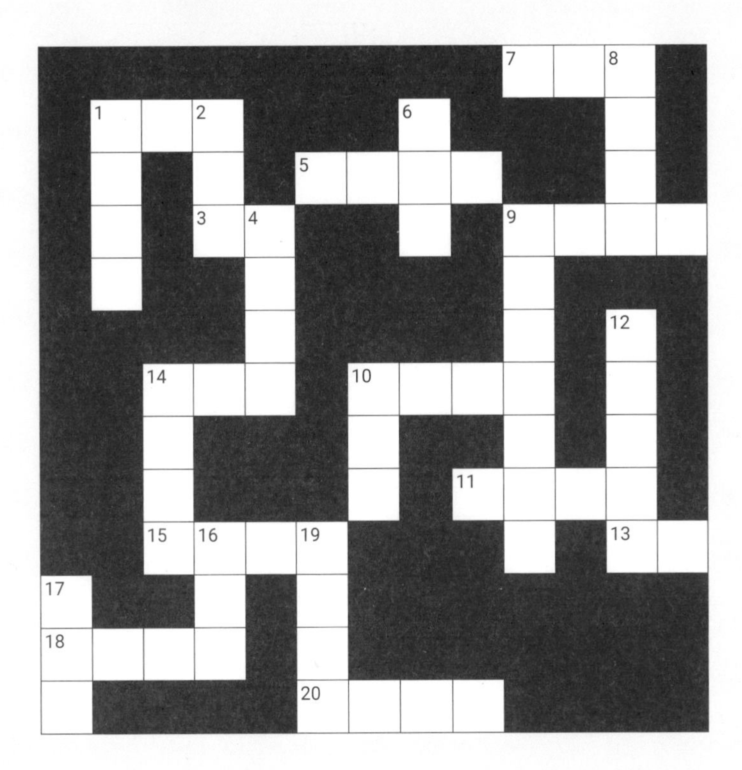

가로축

1 단맛, 짠맛, 쓴맛, 신맛에 이어 새롭게 추가된 제5의 맛. 글루타메이트라는 성분에 의해서 느껴진다.

3 산에 나 있는 길.

5 글씨를 아무렇게나 써놓은 모양. 개와 고양이가 이리저리 돌아다니면서 발자국을 찍어놓은 것과 비슷하다고 하여 유래된 말.

7 독일의 클래식 작곡가. 대표 작품으로 <엘리제를 위하여>, <월광 소나타> 등이 있다.

9 살해 현장에 있는 용의자가 갖고 있는 연기가 나는 총. 범죄나 사건을 해결할 때 나오는 결정적 증거를 의미한다.

10 '내 마음은 ○○○○의 마음이요, ○○○○의 마음은 내 마음이다.' 윤동주 시에도 등장하는 이 꽃은 국화과의 한해살이 풀이며 그리스어로는 우주를 뜻한다.

11 식사 후 마시는 커피 한 잔을 아낄 경우 기대 이상의 재산을 축적할 수 있다는 뜻. ○○○○ 효과.

13 SNS에 올린 글을 엮어 만든 책. SNS와 BOOK을 합친 신조어.

14 먼치킨, 샴, 러시안블루, 페르시안, 뱅갈의 공통점.

15 세율이 일정 수준을 넘으면 세수가 오히려 줄어드는 관계를 보여주는 곡선.

18 우즈베키스탄의 수도.

20 유당불내증을 앓고 있는 사람도 마실 수 있는 ○○○○ 우유.

세로축

1 사물, 인물 등에게 자신의 감정을 불어넣거나 반대로 그들의 감정을 자신에게 끌어들여 서로 통한다고 느끼는 것.

2 1975년 해태제과에서 출시한 과자. 땅콩으로 버무린 튀김과자로 바삭하고 고소한 맛이 특징.

4 길을 안내하는 사람이나 사물.

6 주식 시장에서 강세장을 예상해 공격적으로 매수를 하는 개인투자자를 부르는 말.

8 경쟁업체의 제품, 마케팅, 경영 방식 등을 분석하여 경쟁력을 따라잡는 것.

9 우주를 무대로 하여 전개되는 SF의 장르를 가리키는 말. 대표로 스타워즈 시리즈가 있다.

10 사람들이 위험한 외부 세상을 피해 집이나 교회 등 안전한 장소로 몸을 피하는 사회 현상. 누에고치처럼 자신과 가족을 보호하고 집중하는 형태.

12 고대 그리스의 철학자. "유일한 선은 앎이요, 유일한 악은 무지다."

14 고생 끝에 낙이 온다.

16 야구에서 한 투수가 상대 팀에게 주자를 한 명도 허용하지 않고 이긴 시합. ○○○ 게임.

17 2022년 피파 월드컵 개최지.

19 다른 사람보다 먼저 근심하고 즐길 것은 다른 사람보다 나중에 즐긴다는 뜻.

정답 110쪽

☆에서 시작한 다음 ○를 만날 때까지 숫자가 커지는 순서대로 점을 연결하세요.

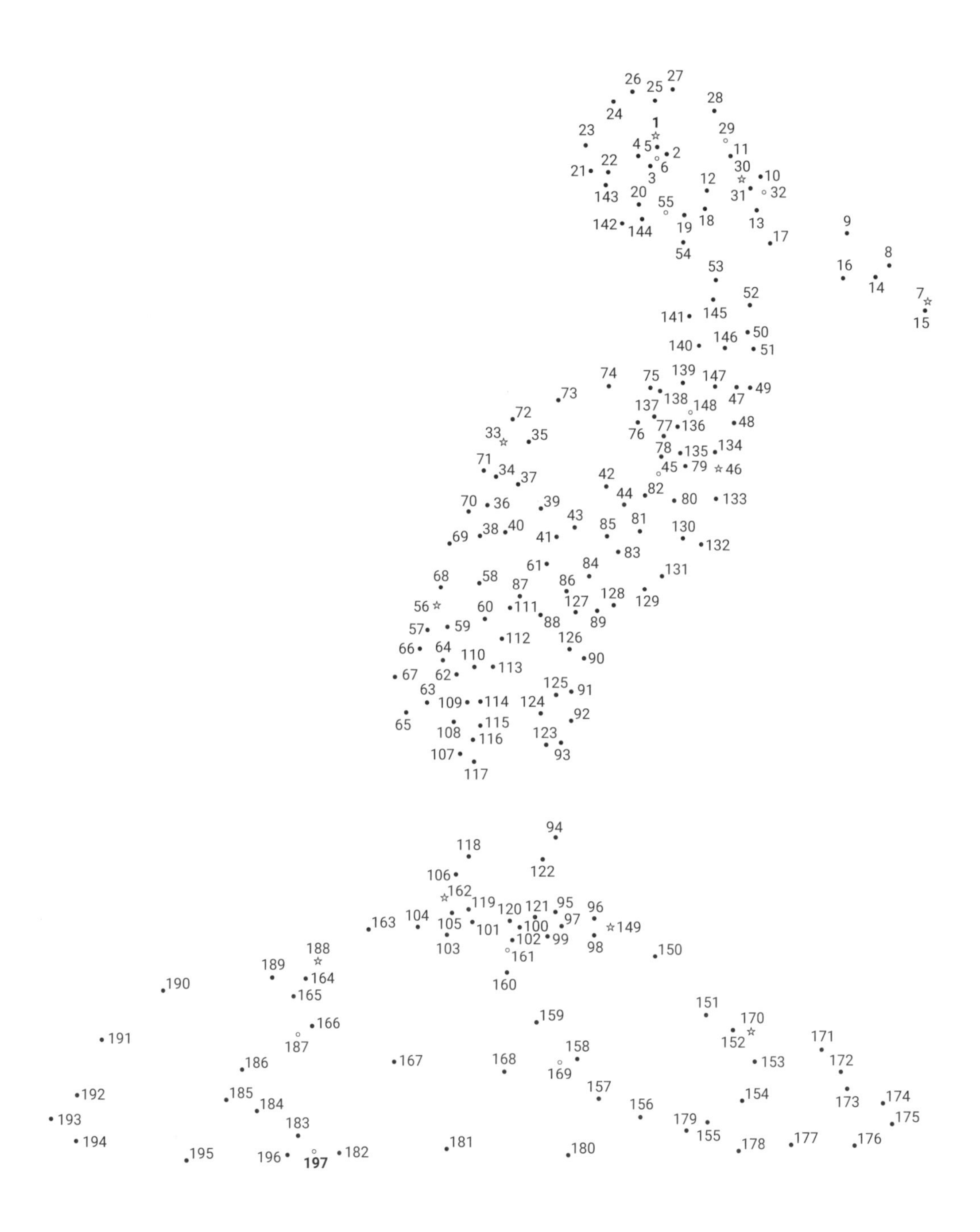

정답 110쪽

89 네모로직

그림 모양 힌트: 5월의 꽃

세로 열 힌트 (왼쪽부터)

1. 6, 3
2. 1, 4, 4
3. 6, 4, 2, 5
4. 2, 3, 7, 7
5. 10, 2, 7
6. 2, 2, 6, 8
7. 5, 14
8. 9
9. 9
10. 11
11. 12
12. 8, 3
13. 3, 8, 3
14. 15, 4
15. 16, 7
16. 16, 2, 2, 2
17. 8, 7, 3, 1, 2
18. 2, 5, 6, 3, 4
19. 2, 2, 2, 3, 2, 1
20. 1, 4, 2, 2, 2
21. 1, 5, 2, 3, 2, 4
22. 1, 1, 2, 2, 3, 3, 3, 2, 2
23. 1, 1, 1, 1, 1, 3, 2, 4, 3, 2
24. 1, 1, 2, 1, 1, 2, 2, 4, 1, 2, 2
25. 1, 2, 1, 1, 1, 3, 4, 2, 1, 1, 1
26. 1, 1, 1, 1, 1, 2, 3, 2, 2, 2, 1
27. 2, 3, 1, 3, 5, 1, 3
28. 2, 2, 3, 2, 2
29. 2, 4, 5
30. 8, 3

가로 행 힌트 (위부터)

1. 10
2. 3, 2
3. 1, 5, 2
4. 2, 1, 3, 2
5. 3, 1, 2, 1, 1
6. 4, 1, 4, 1
7. 4, 2, 1
8. 6, 7, 1
9. 3, 4, 2, 3
10. 5, 4, 3, 2
11. 1, 1, 1, 4, 11
12. 1, 1, 1, 4, 2, 3
13. 1, 1, 1, 6, 4
14. 5, 5, 5
15. 4, 6, 5
16. 2, 11
17. 2, 9, 3
18. 2, 7, 4
19. 2, 7, 5
20. 2, 7, 2, 1, 1
21. 4, 6, 1, 1, 2
22. 5, 6, 5
23. 4, 7, 3
24. 1, 2, 6, 3
25. 4, 6, 3
26. 2, 1, 6, 4
27. 4, 6, 4
28. 3, 14
29. 23
30. 12, 4, 3
31. 6, 3, 1, 2, 2
32. 6, 4, 2, 3, 1
33. 6, 1, 1, 2, 2, 2
34. 5, 4, 2, 4
35. 4, 3, 7

정답 111쪽

서로 다른 부분 **15군데**를 찾으세요.

정답 111쪽

미로 찾기

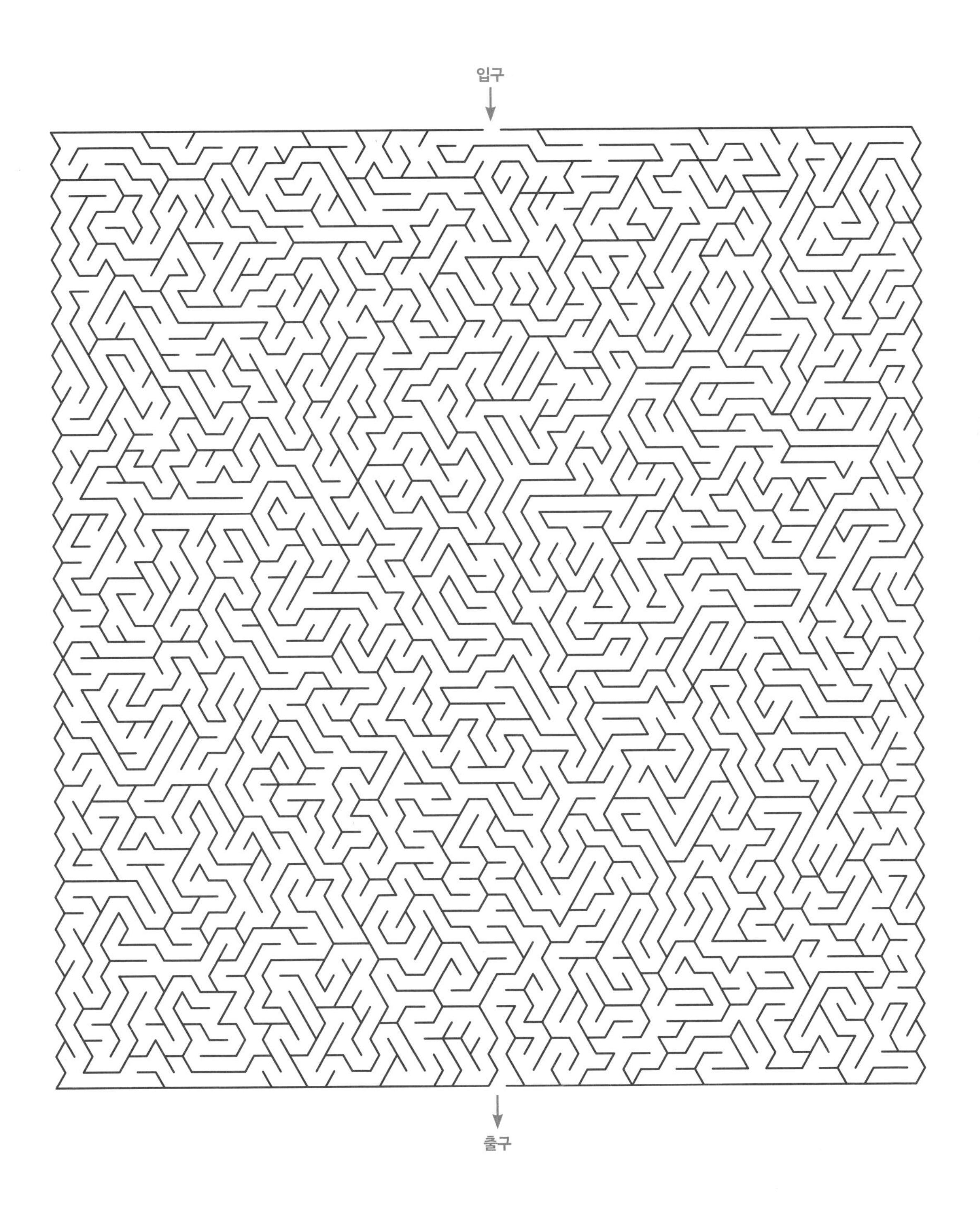

정답 111쪽

다른 그림 찾기

서로 다른 부분 **15군데**를 찾으세요.

정답 111쪽

93 숫자 연결하기

☆에서 시작한 다음 ○를 만날 때까지 숫자가 커지는 순서대로 점을 연결하세요.

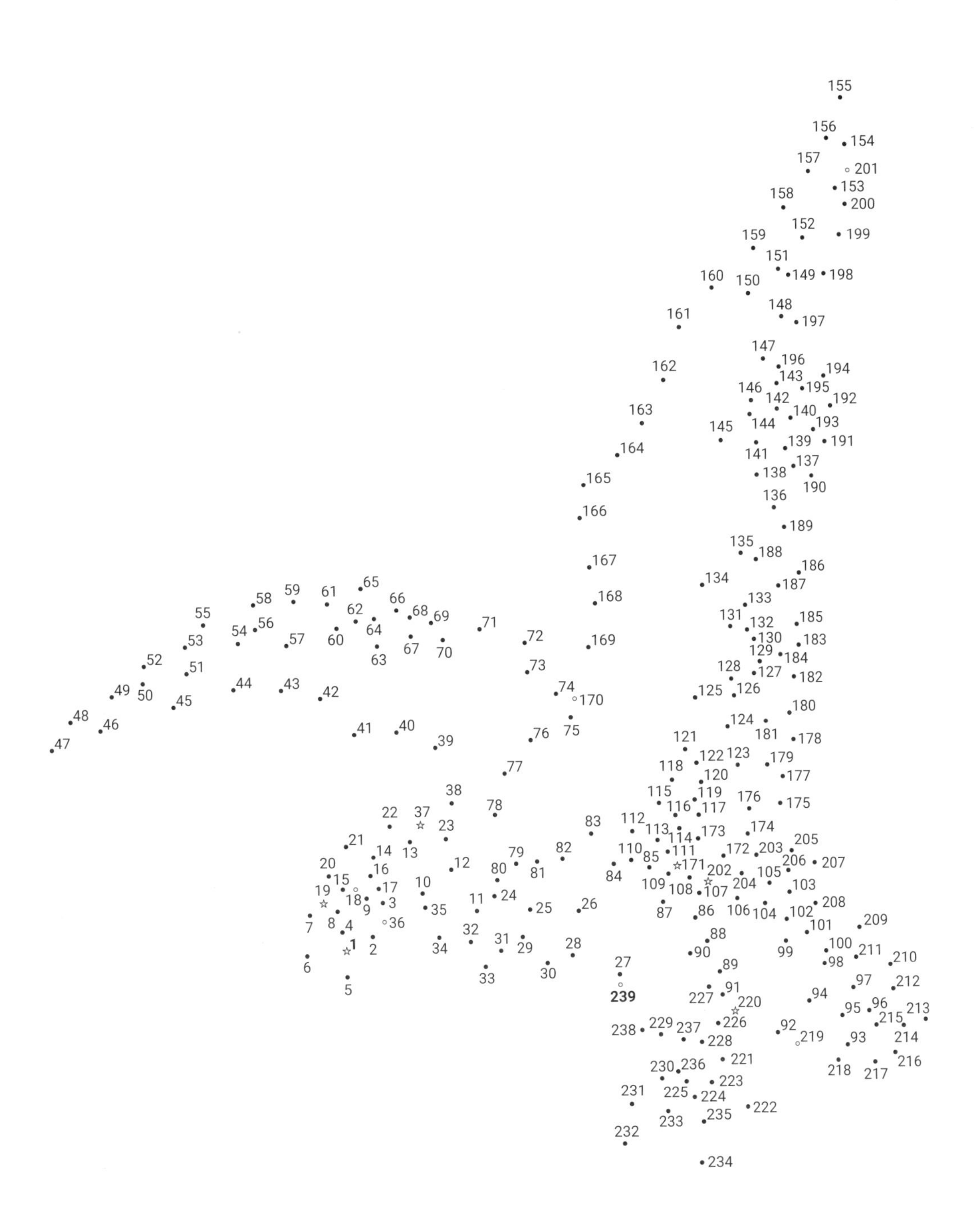

정답 111쪽

94 미로 찾기

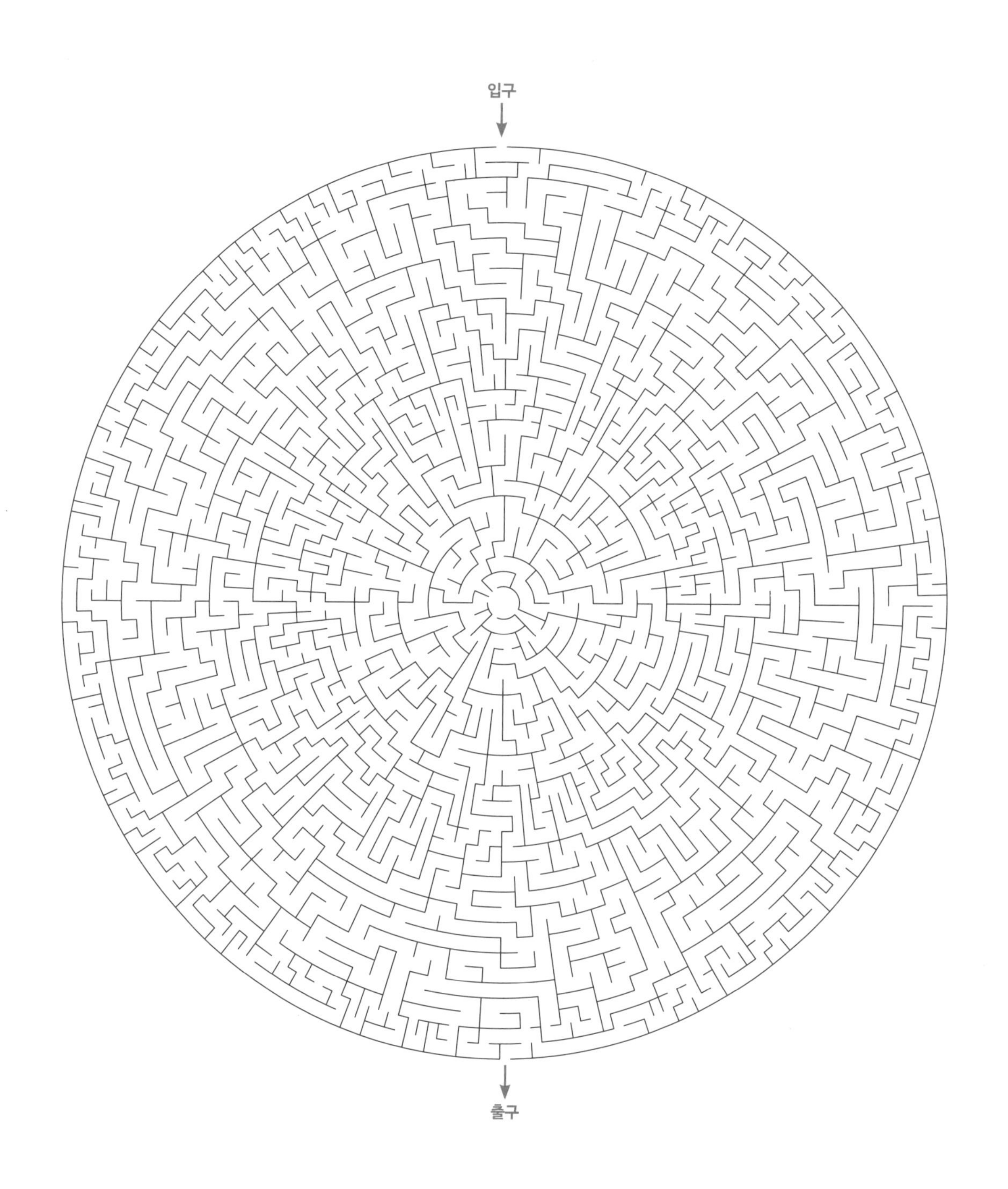

정답 111쪽

96 미로 찾기

입구

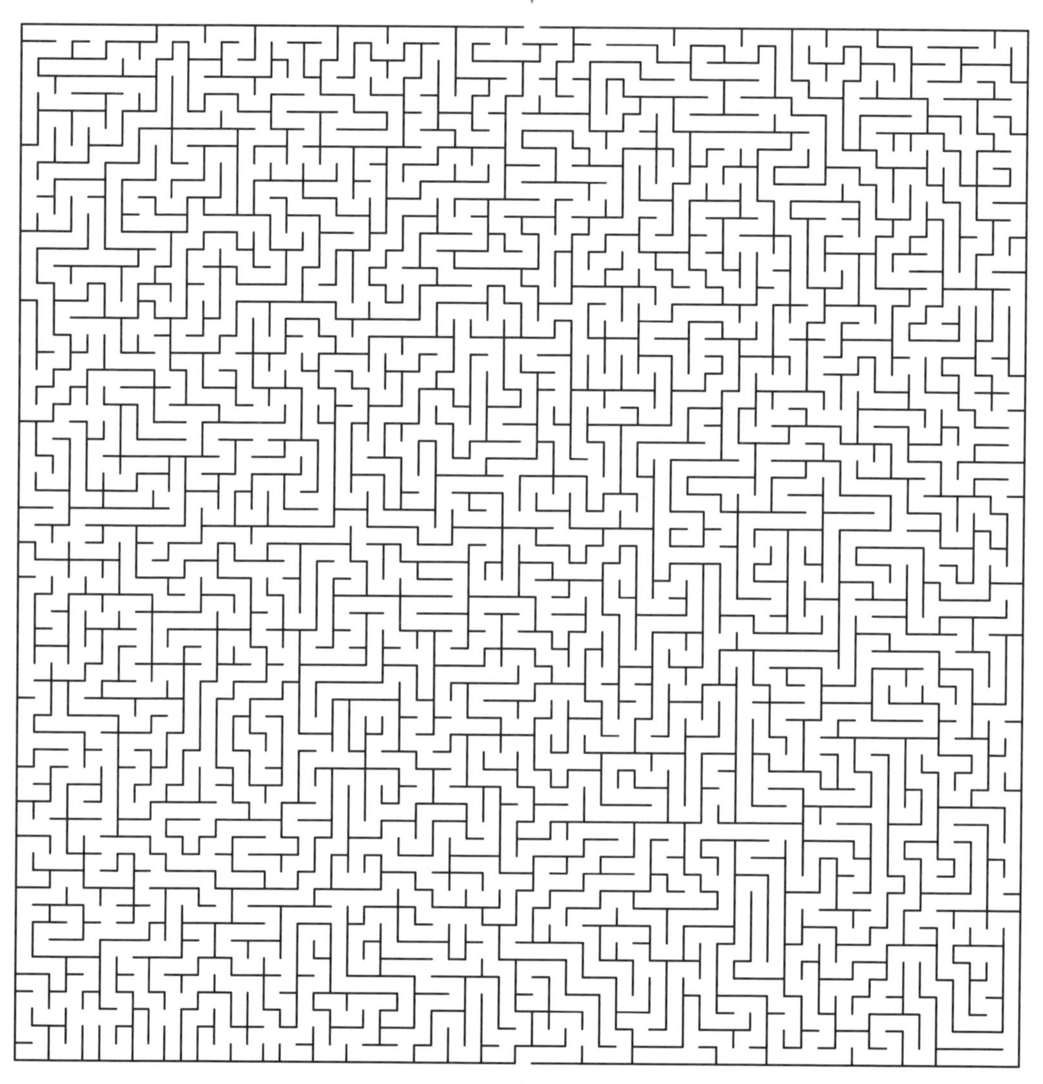

출구

정답 112쪽

다른 그림 찾기

서로 다른 부분 **20군데**를 찾으세요.

정답 112쪽

98 미로 찾기

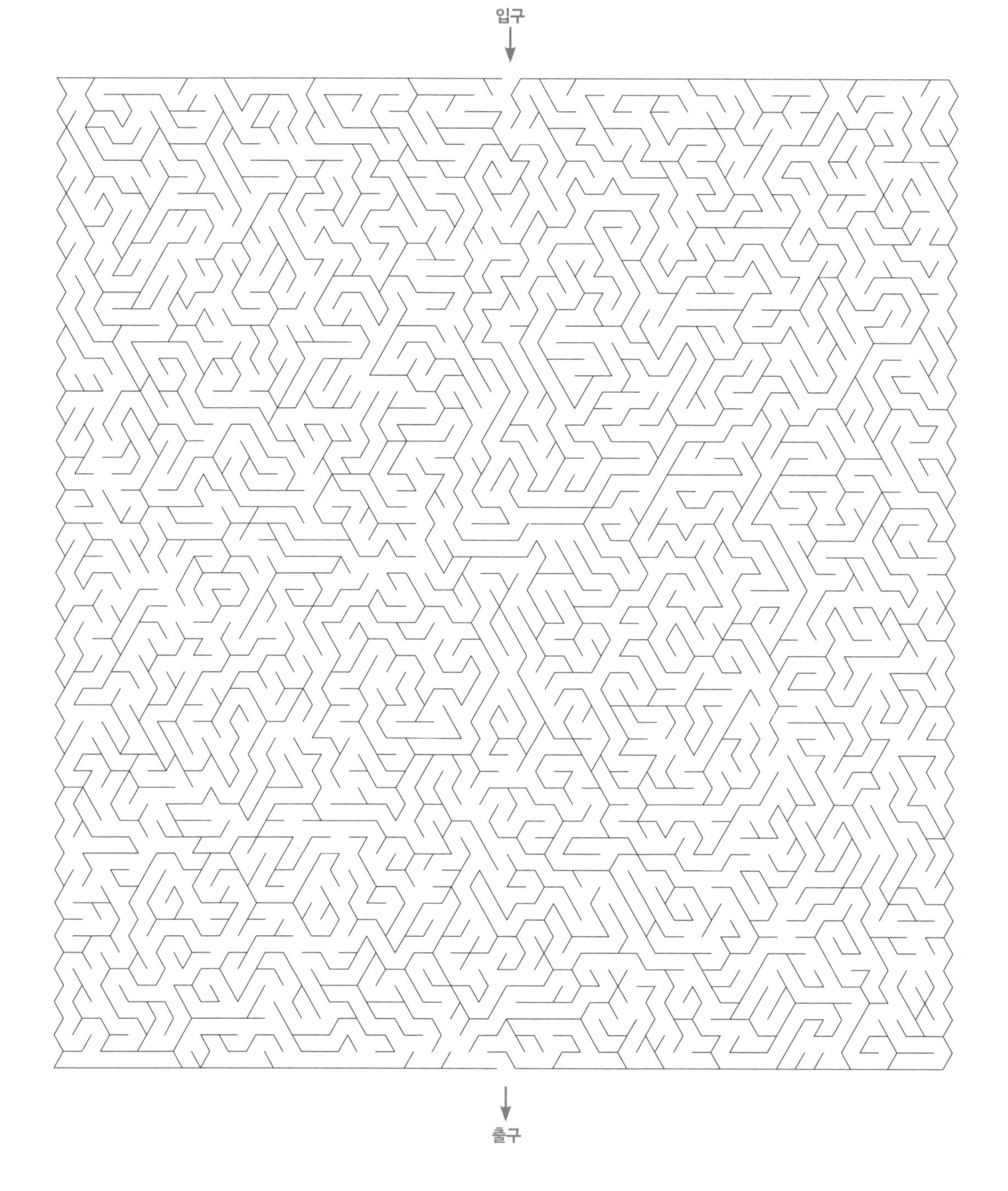

정답 112쪽

99 스도쿠

1			6		9			7
				1				
		9	7		2	4		
5		8		7		6		4
	1		8		3		9	
2		7		5		8		1
		5	1		4	3		
				6				
9			2		7			6

정답 112쪽

100 스도쿠

				7				
	5	3				2	8	
	6	9				3	4	
			1	8	6			
8			7		3			2
			2	9	5			
	3	1				7	9	
	7	4				8	6	
				5				

정답 112쪽

정답

물뿌리개

01

02

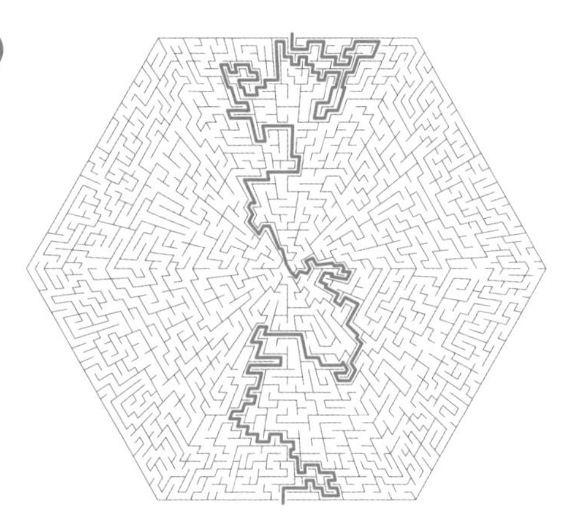

03

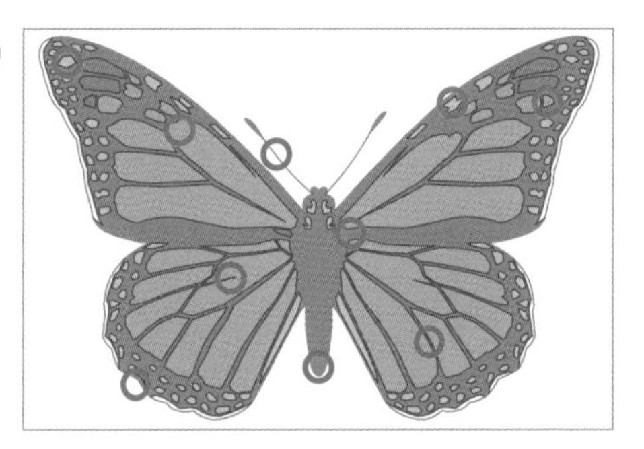

04

2	6	4	8	5	7	9	3	1
5	1	7	9	3	2	6	8	4
8	9	3	1	4	6	7	2	5
9	7	2	4	1	3	5	6	8
1	3	8	7	6	5	4	9	2
4	5	6	2	8	9	1	7	3
7	4	1	6	2	8	3	5	9
3	2	9	5	7	1	8	4	6
6	8	5	3	9	4	2	1	7

05

1	7	9	4	8	6	3	2	5
6	4	5	3	2	7	9	8	1
2	3	8	1	5	9	6	4	7
4	8	1	6	3	2	7	5	9
9	5	6	7	1	8	4	3	2
7	2	3	9	4	5	1	6	8
3	1	2	8	7	4	5	9	6
5	9	4	2	6	1	8	7	3
8	6	7	5	9	3	2	1	4

바비큐

07

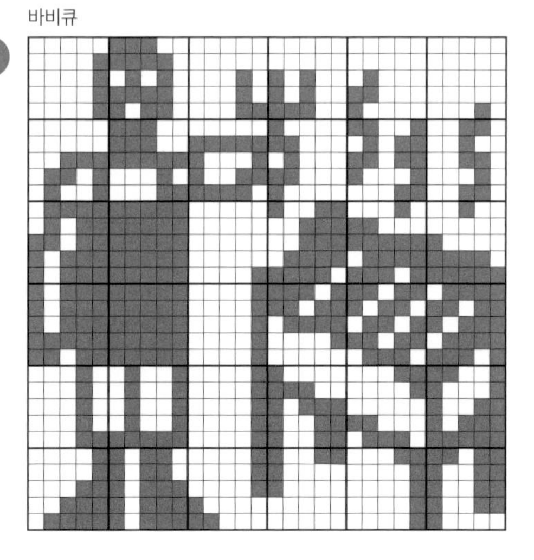

정답

08

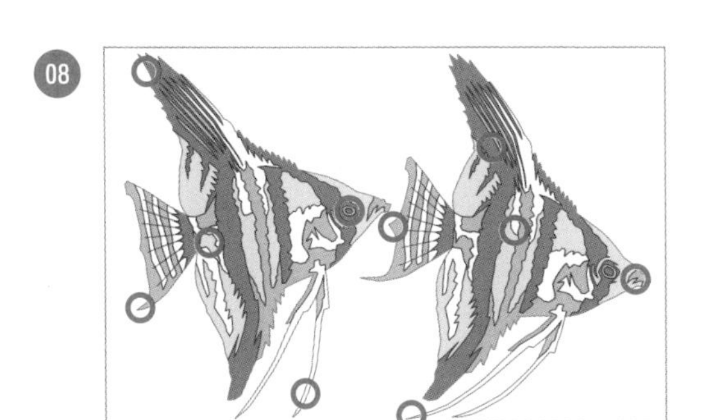

09

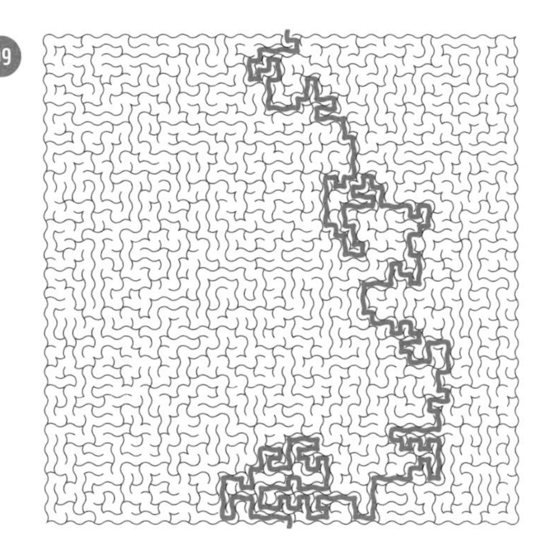

10

11

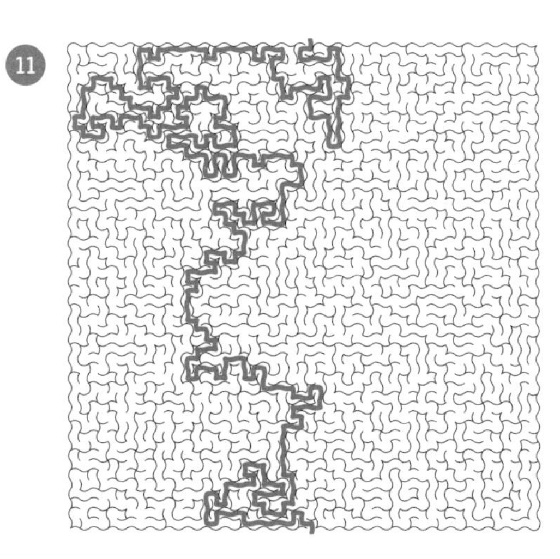

12

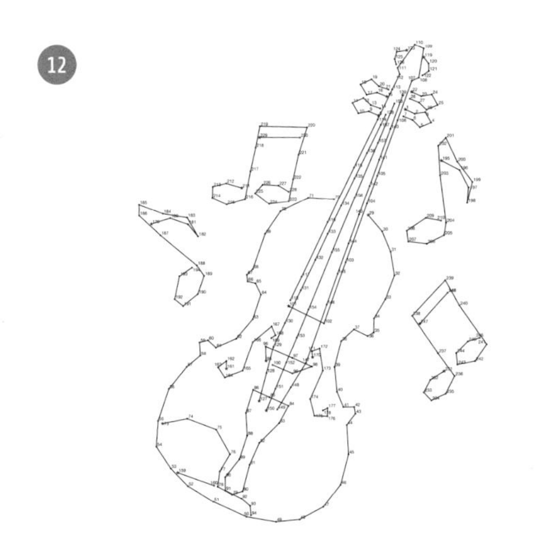

14

정답

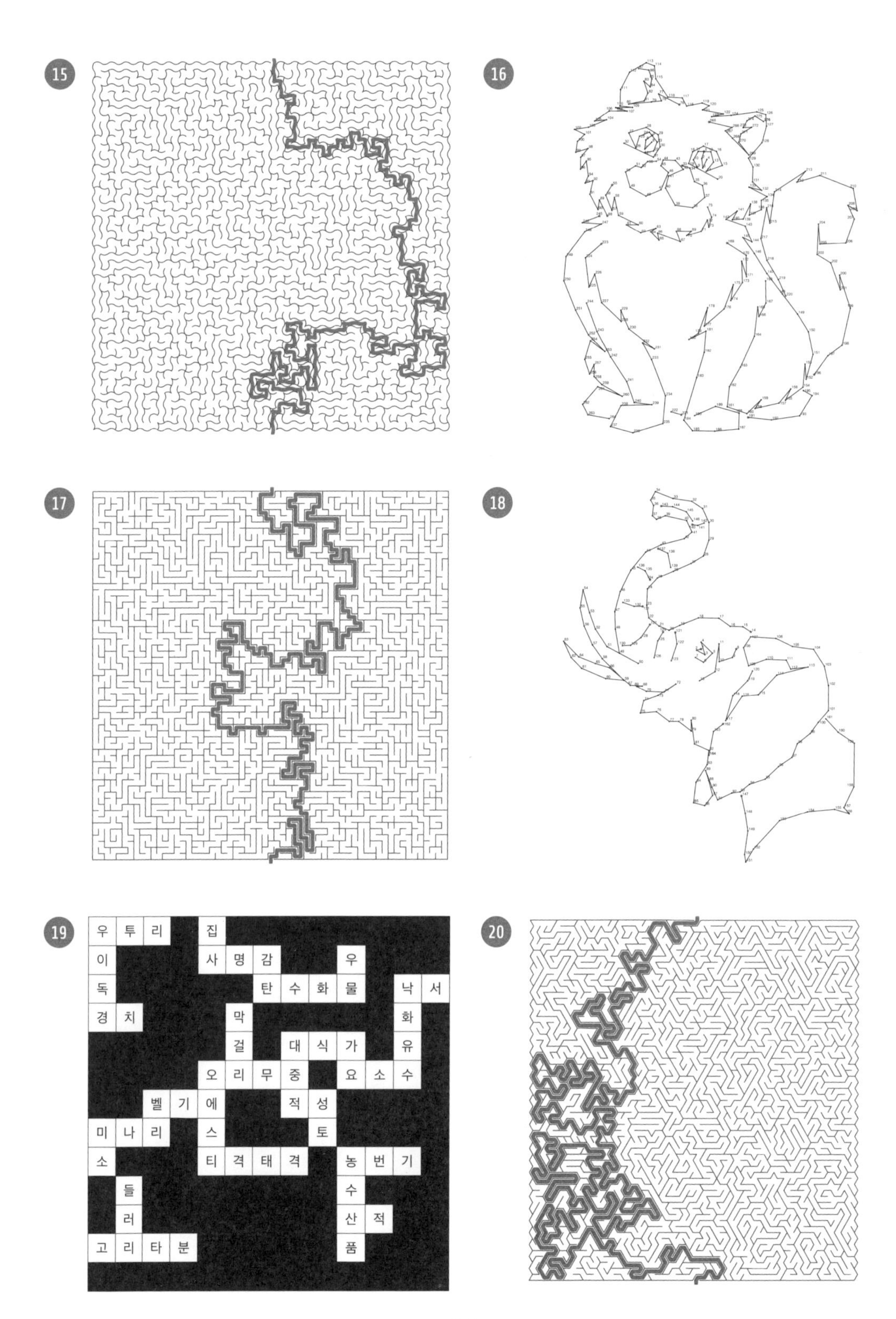
15
16
17
18
19
우 투 리 집
이 사 명 감 우
독 탄 수 화 물 낙 서
경 치 막 화
걸 대 식 가 유
오 리 무 중 요 소 수
벨 기 에 적 성
미 나 리 스 토
소 티 격 태 격 농 번 기
들 수
러 산 적
고 리 타 분 품
20

정답

21

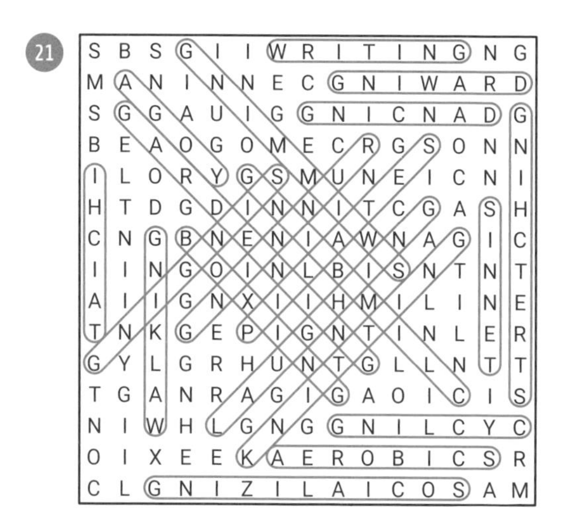

직소퍼즐

22

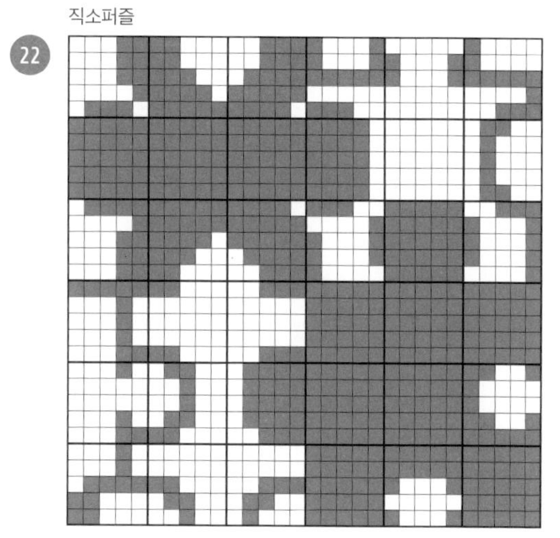

23

24

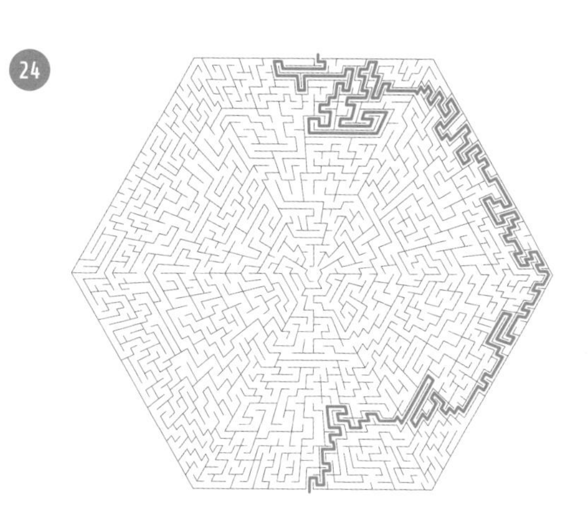

조개껍데기

25

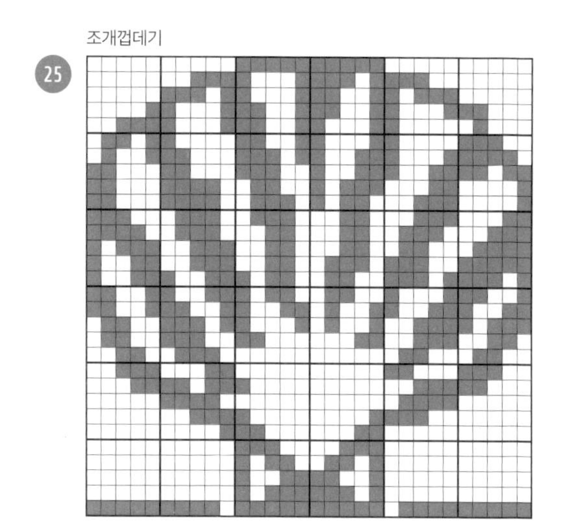

26

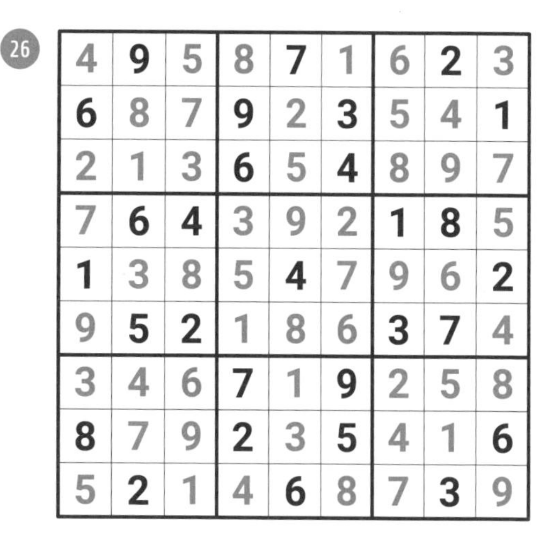

4	9	5	8	7	1	6	2	3
6	8	7	9	2	3	5	4	1
2	1	3	6	5	4	8	9	7
7	6	4	3	9	2	1	8	5
1	3	8	5	4	7	9	6	2
9	5	2	1	8	6	3	7	4
3	4	6	7	1	9	2	5	8
8	7	9	2	3	5	4	1	6
5	2	1	4	6	8	7	3	9

정답

27

8	4	7	9	6	3	5	2	1
3	5	9	2	1	4	7	8	6
1	2	6	7	8	5	4	3	9
6	8	2	4	3	9	1	7	5
4	1	3	5	7	6	8	9	2
9	7	5	8	2	1	3	6	4
5	3	4	6	9	8	2	1	7
7	6	1	3	5	2	9	4	8
2	9	8	1	4	7	6	5	3

29

								언				
	가	지	각	색				어	안			
		름							빈			
		신	기	루					낙	동	강	
			적		구				도		산	
					개		감	격				
					음		수		교	각	살	우
			국	유	화		성	직	자			공
		물	가					사				이
경	솔		수	제	비		열	광				산
조			반		상	품		선	불			
사	과					앗			펜			
	오					이						

30

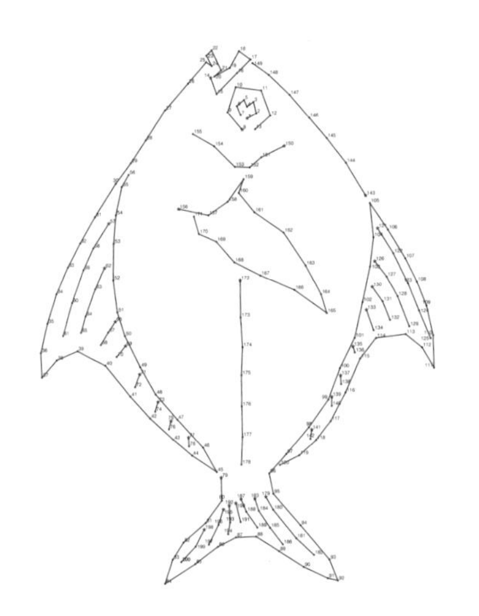

31

32

		캐										
		노	블	레	스	오	블	리	주			
		피				마						
이			무	액	면	주						
베				면					메			
리		하		가	처	분		사	커	시	티	
코	스	모	스			석	가	모	니		베	
		니						사	즘		트	릭
					브			채				
	시	네	마	베	리	테					민	
	버		실		핑	트		유	효	수	요	
	트					리						
						스	트	리	밍			

34

9	4	6	5	8	1	7	3	2
1	7	3	9	4	2	6	5	8
5	2	8	6	3	7	1	9	4
7	9	1	3	6	4	2	8	5
6	8	5	1	2	9	4	7	3
4	3	2	7	5	8	9	6	1
8	1	7	2	9	3	5	4	6
3	5	9	4	1	6	8	2	7
2	6	4	8	7	5	3	1	9

정답

35

4	1	2	9	8	5	3	6	7
5	8	6	3	1	7	2	9	4
3	7	9	6	4	2	8	1	5
8	2	4	5	9	1	6	7	3
9	5	7	8	6	3	1	4	2
1	6	3	2	7	4	5	8	9
6	3	1	7	2	9	4	5	8
2	9	8	4	5	6	7	3	1
7	4	5	1	3	8	9	2	6

36

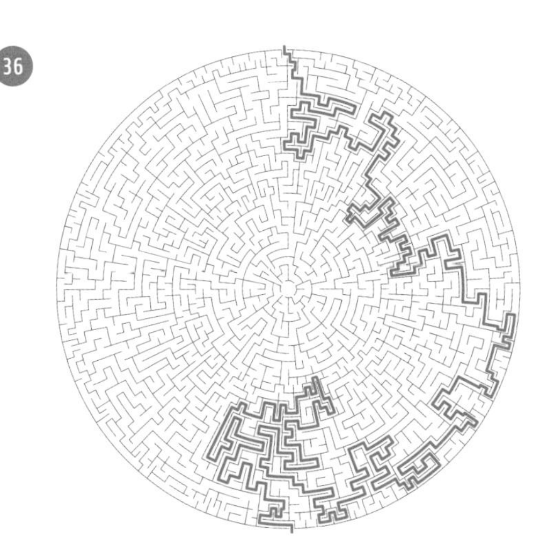

37

열기구

38

39

I	T	E	Y	A	I	B	A	E	R	S	M	J	N	A
F	E	O	S	T	R	E	A	Y	M	A	O	P	G	I
T	U	O	E	N	S	B	N	U	E	B	O	N	E	E
H	D	I	O	U	C	N	I	A	A	N	I	S	H	V
O	E	P	Y	T	U	N	E	A	N	O	I	E	R	V
R	P	A	H	P	I	H	D	E	A	B	O	A	V	O
F	V	T	S	J	R	E	E	I	I	A	S	E	I	T
A	P	N	I	E	R	I	M	R	D	H	B	T	I	S
I	T	U	T	N	R	S	T	A	N	U	R	A	V	A
A	S	E	N	V	T	E	D	H	V	A	R	O	N	L
H	D	S	R	L	E	N	C	I	V	R	V	O	F	V
A	F	N	E	R	E	E	A	O	M	I	M	R	Y	E
T	S	M	R	T	A	R	A	U	D	O	E	R	A	N
I	P	N	M	E	M	E	Z	N	P	Y	V	T	P	I
O	A	N	M	A	S	E	O	N	R	I	I	C	O	T

41

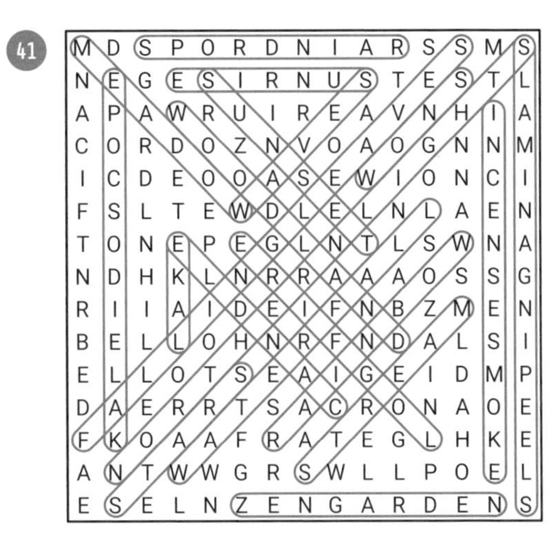

42

43

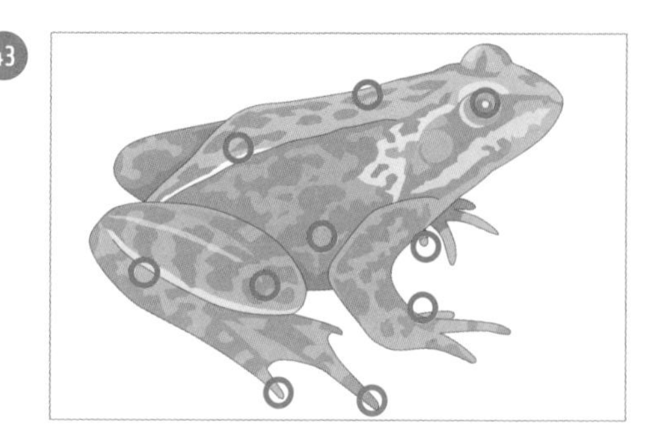

44

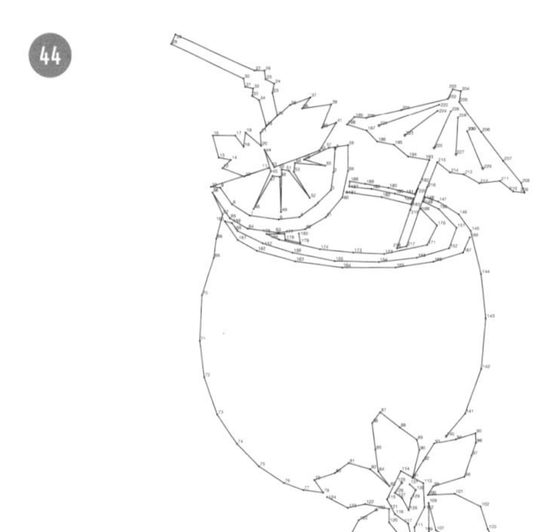

45

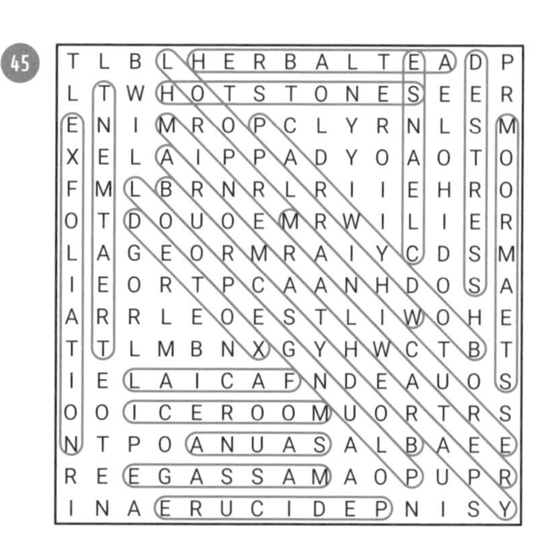

T L B L H E R B A L T E A D P
L T W H O T S T O N E S E E R
E N I M R O P C L Y R N L S M
X E L A I P P A D Y O A O T O
F M L B R N R L R I I E H R O
O T D O U O E M R W I L I E R
L A G E O R M R A I Y C D S M
I E O R T P C A A N H D O S A
A R R L E O E S T L I W O H E
T T L M B N X G Y H W C T B T
I E L A I C A F N D E A U O S
O O I C E R O O M U O R T R S
N T P O A N U A S A L B A E E
R E E G A S S A M A O P U P R
I N A E R U C I D E P N I S Y

46

47

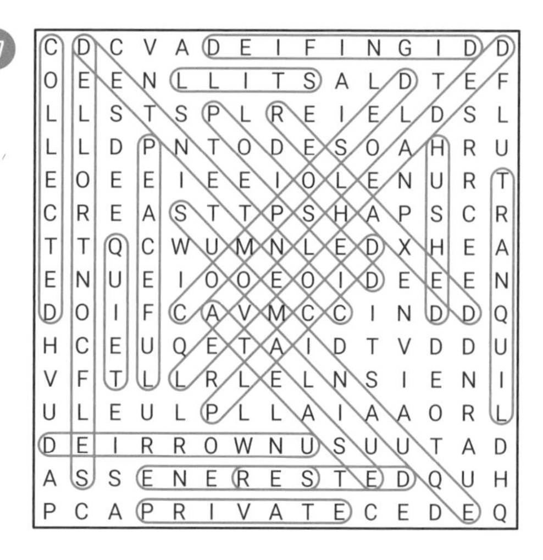

48

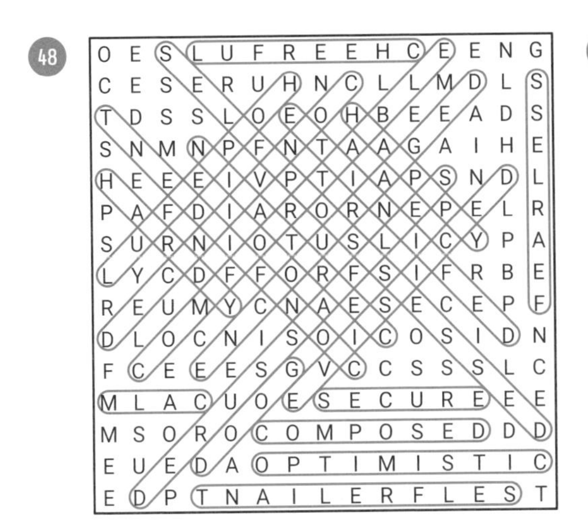

50

51

52

53

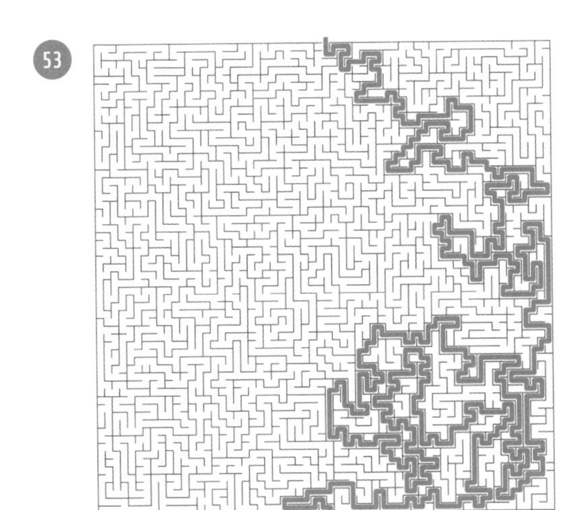

54

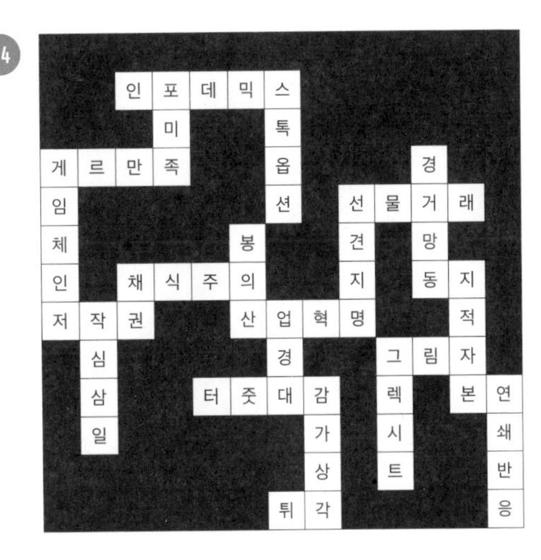

정답

56

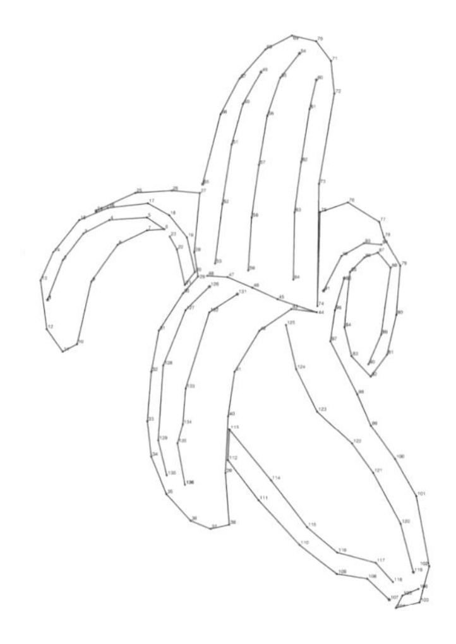

화분과 가드닝 도구

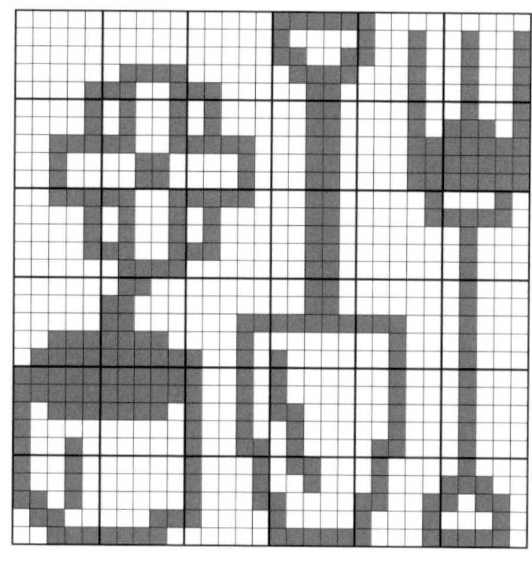

58

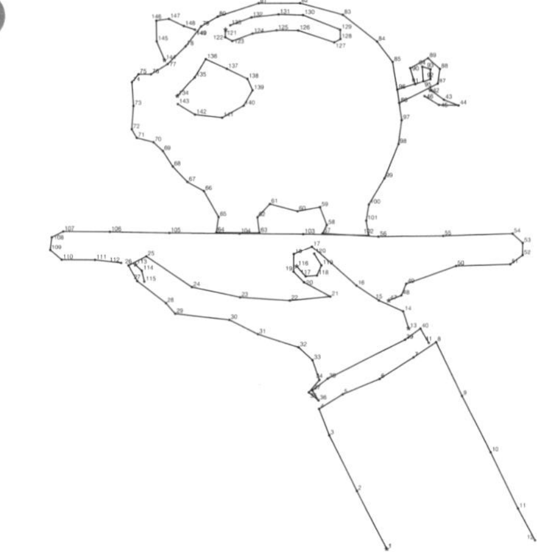

59

L	D	U	L	C	I	M	E	R	E	C	I	X	R	G
A	T	A	N	K	D	R	U	M	H	U	A	R	E	K
B	R	O	L	G	O	N	G	N	U	E	I	E	K	C
X	J	H	K	A	L	I	M	B	A	T	H	M	A	I
E	O	E	D	P	A	T	I	S	R	U	A	I	H	T
G	K	B	D	R	E	R	N	A	B	L	N	H	S	S
I	H	M	I	B	O	A	O	I	E	F	G	C	R	N
G	V	A	M	T	P	H	A	A	L	N	U	D	V	I
G	C	E	N	D	U	V	C	H	L	A	H	N	P	A
P	J	N	N	T	H	R	O	O	S	P	H	I	R	R
D	C	A	A	P	A	U	H	I	N	G	G	W	A	T
N	H	H	K	R	I	B	A	S	C	O	N	O	H	B
A	N	D	I	Z	I	T	H	E	R	E	M	I	H	E
A	R	U	P	N	A	T	H	S	T	M	I	H	T	C
C	V	N	I	A	E	E	F	R	N	K	H	O	L	N

60

8	2	5	3	9	7	6	1	4
7	1	9	4	8	6	5	2	3
3	4	6	1	2	5	7	9	8
9	7	3	5	4	8	2	6	1
4	6	8	9	1	2	3	7	5
2	5	1	6	7	3	8	4	9
5	9	2	7	3	1	4	8	6
6	8	4	2	5	9	1	3	7
1	3	7	8	6	4	9	5	2

61

3	1	7	9	8	4	6	2	5
8	6	4	5	2	3	7	9	1
9	2	5	1	6	7	8	3	4
1	5	6	7	3	9	2	4	8
2	8	9	6	4	1	5	7	3
4	7	3	8	5	2	9	1	6
5	4	2	3	9	8	1	6	7
7	9	8	4	1	6	3	5	2
6	3	1	2	7	5	4	8	9

62

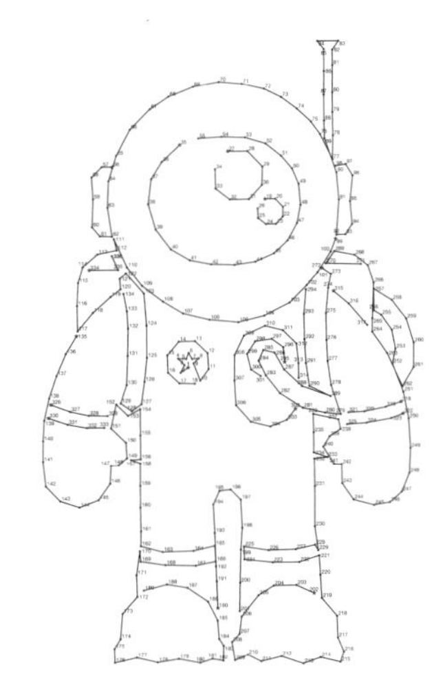

이젤과 팔레트

63

64

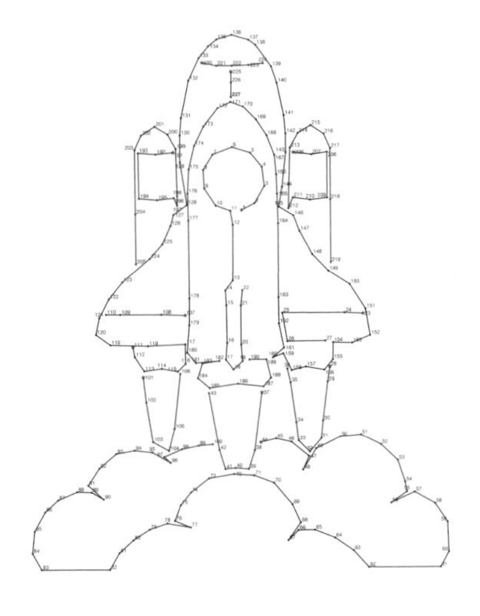

65

2	9	1	4	8	7	5	3	6
4	7	8	6	5	3	2	1	9
6	3	5	9	1	2	4	7	8
3	6	9	2	4	5	7	8	1
1	5	4	7	3	8	6	9	2
7	8	2	1	6	9	3	5	4
5	2	3	8	9	6	1	4	7
9	4	6	3	7	1	8	2	5
8	1	7	5	2	4	9	6	3

66

2	6	1	5	3	9	7	8	4
7	9	4	2	1	8	5	3	6
5	3	8	6	4	7	2	9	1
1	5	6	9	7	3	8	4	2
4	8	3	1	5	2	9	6	7
9	2	7	4	8	6	3	1	5
8	4	9	7	2	1	6	5	3
3	1	2	8	6	5	4	7	9
6	7	5	3	9	4	1	2	8

68

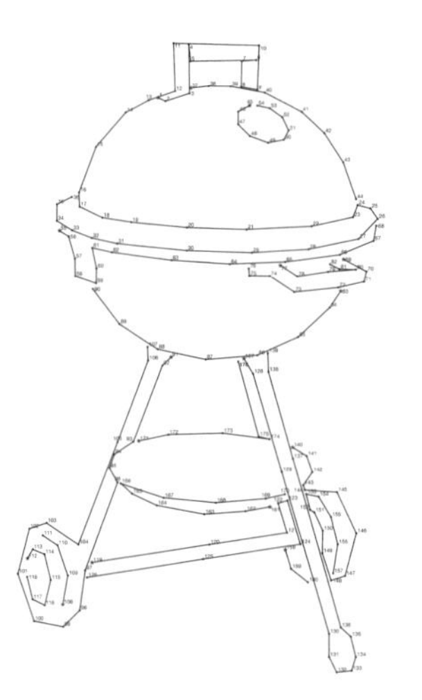

69

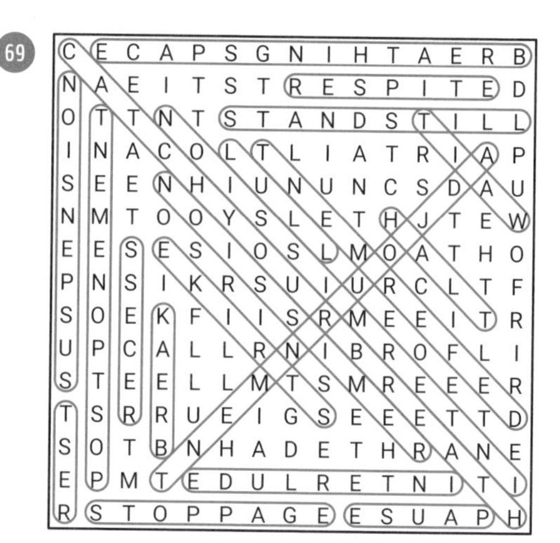

70

N S G S K W A H T H G I N E T
T U A T D A V I D T S S I H A
H N C U E E D E H R T D E R M
E F I P H I B E E A N B E O E
U L N E L Y K H R U I K M P R
M O R F M I T R M R N R A H I
B W E H S A Y R T I B S E E C
R E U S B N O H H S E S R L A
E R G E I T O T E V E V C I N
L S H G A F E I N T T A S A G
L T H V V H Y T I R E V E G O
A T L E T S R E V O L E H T T
S A N M O N A L I S A T T E H
S U O O L I M E D S U N E V I
S R E P P U S T S A L E H T C

71

72

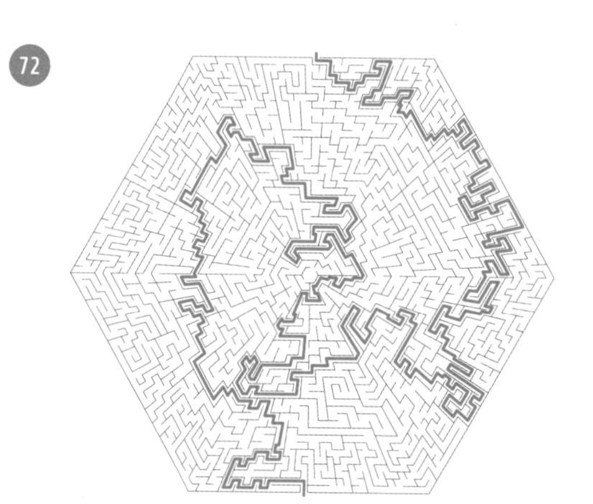

73

74

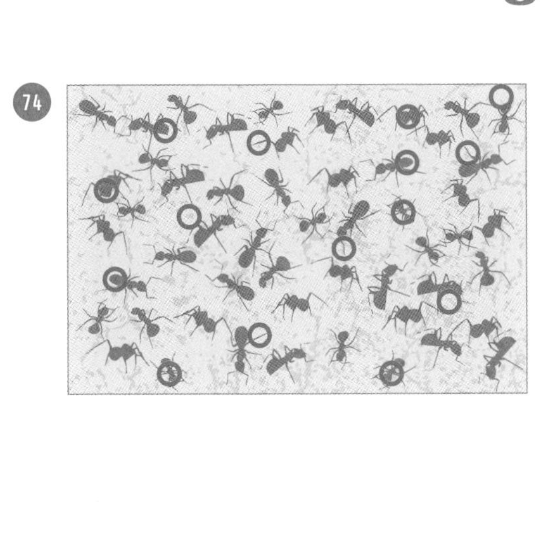

75

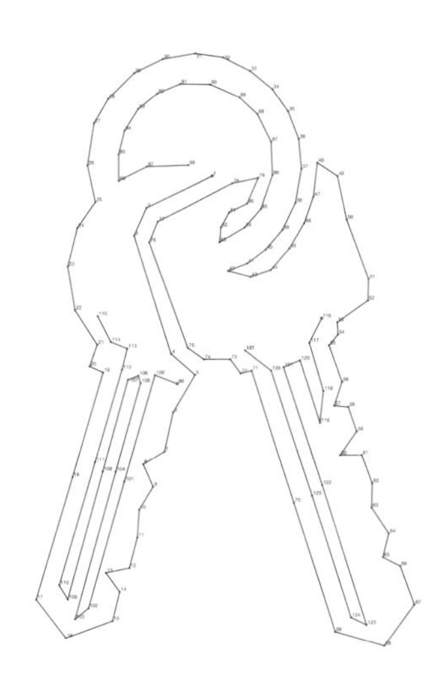

텐트가 있는 캠핑장

77

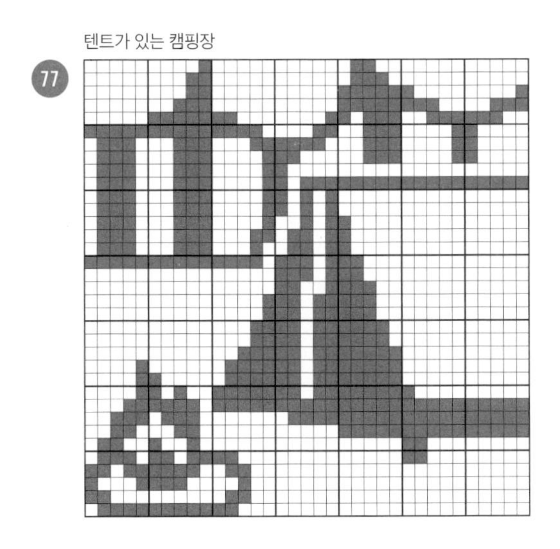

78

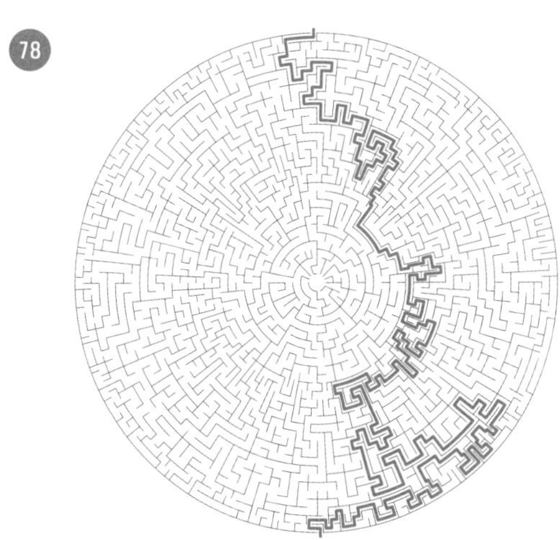

79

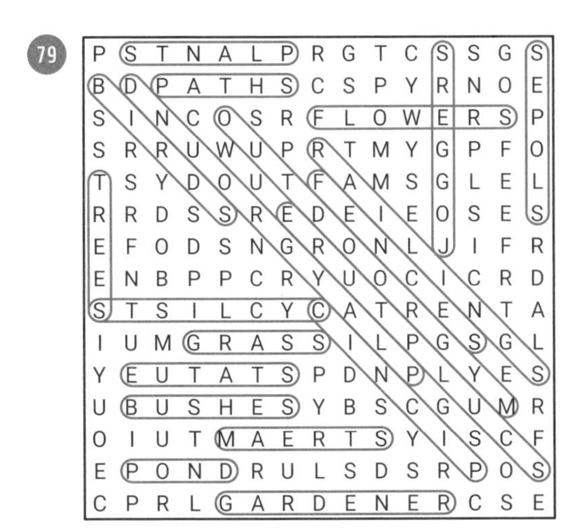

81

정답

82

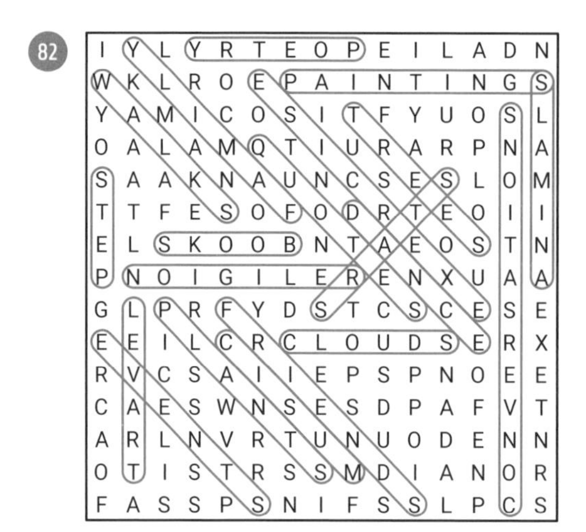

83

C	E	O	E	L	A	V	E	N	D	E	R	V	E	E
R	M	S	E	N	T	H	Y	M	E	U	R	A	N	I
N	O	N	B	N	T	G	N	O	M	A	N	N	I	C
R	L	W	L	E	I	S	N	L	E	U	D	I	P	N
O	O	N	R	G	E	M	C	B	A	S	I	L	R	R
T	G	R	L	E	S	L	S	C	C	B	G	L	G	E
S	L	E	A	G	W	E	M	A	L	S	V	A	V	N
C	E	N	M	N	B	O	P	Y	J	G	E	O	V	S
I	N	I	I	T	G	A	L	I	N	T	L	I	M	L
N	G	V	M	A	U	E	Y	F	A	C	O	L	V	G
A	I	L	O	R	E	N	N	E	R	L	E	G	A	S
L	N	E	E	F	S	I	E	U	E	E	R	A	V	L
V	G	M	B	E	I	S	O	T	R	H	D	O	R	D
N	E	O	E	T	O	M	A	G	R	E	B	L	H	R
S	R	N	N	C	E	D	A	R	L	N	N	E	E	M

84

곰 인형

85

87

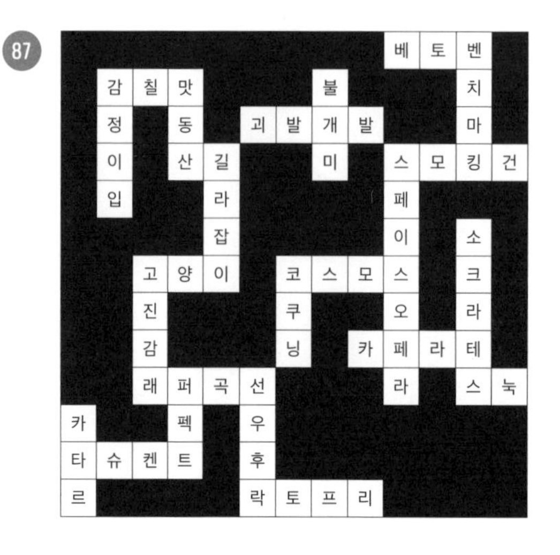

88

89

장미

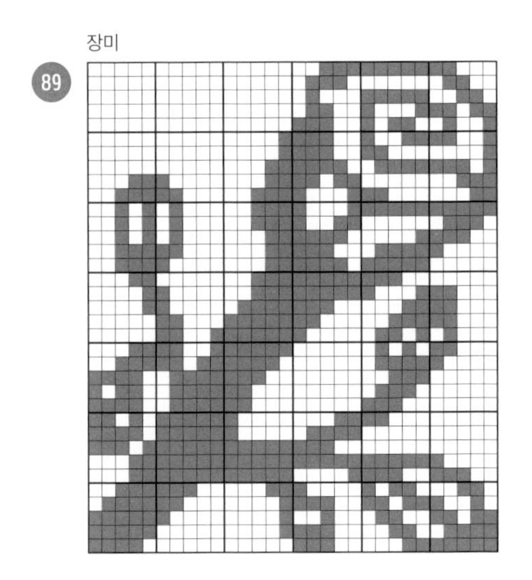

90

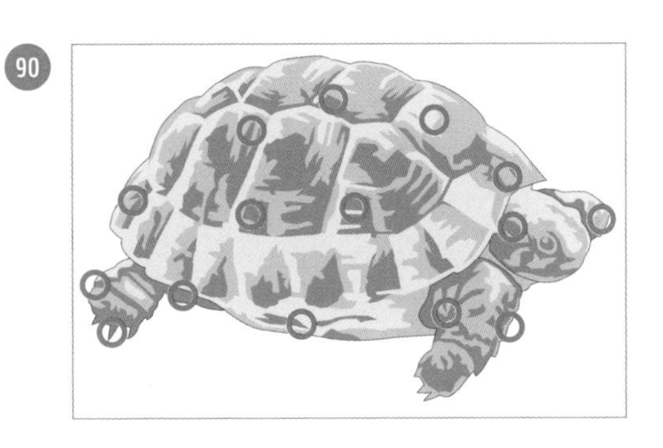

91

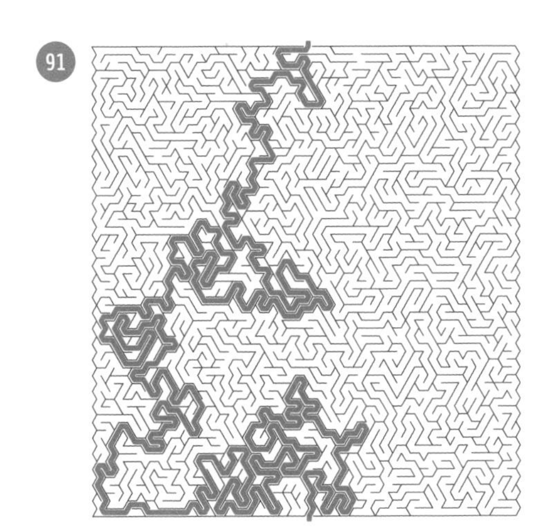

92

93

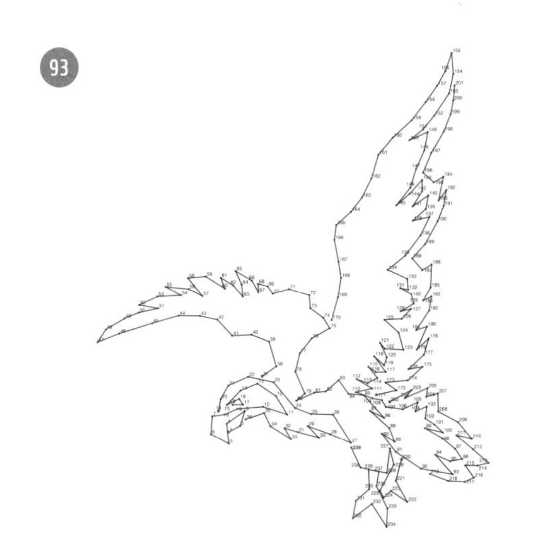

94

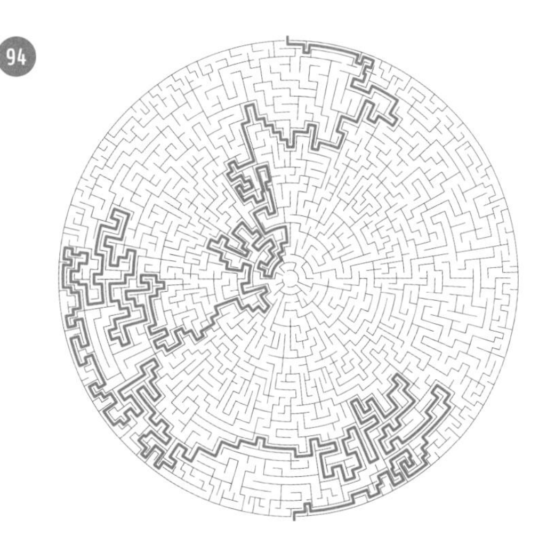

정답

96

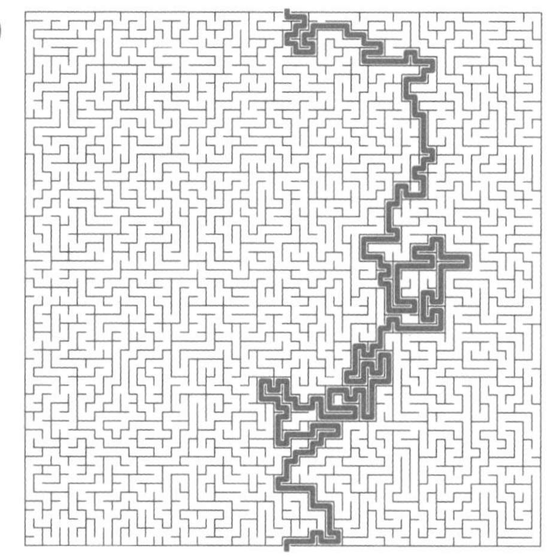

97

98

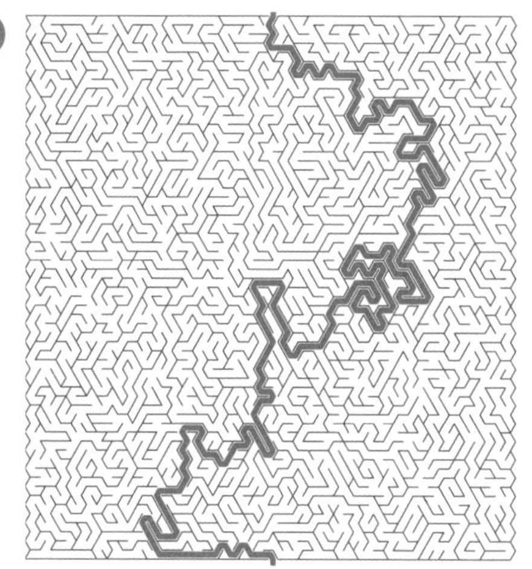

99

1	8	3	6	4	9	2	5	7
7	2	4	3	1	5	9	6	8
6	5	9	7	8	2	4	1	3
5	3	8	9	7	1	6	2	4
4	1	6	8	2	3	7	9	5
2	9	7	4	5	6	8	3	1
8	6	5	1	9	4	3	7	2
3	7	2	5	6	8	1	4	9
9	4	1	2	3	7	5	8	6

100

1	2	8	3	7	4	9	5	6
4	5	3	6	1	9	2	8	7
7	6	9	5	2	8	3	4	1
3	4	2	1	8	6	5	7	9
8	9	5	7	4	3	6	1	2
6	1	7	2	9	5	4	3	8
5	3	1	8	6	2	7	9	4
2	7	4	9	3	1	8	6	5
9	8	6	4	5	7	1	2	3

풀면 풀수록 자꾸만 똑똑해지는

두뇌 게임 시리즈

당신의 뇌를 충전시켜줄 크리에이티브한 챌린지
스도쿠, 네모로직, 논리 퍼즐, 미로 찾기, 다른 그림 찾기, 낱말 퍼즐 등 두뇌 게임 총집합!

어른을 위한 두뇌 놀이 책

개러스 무어 지음
104쪽 | 9,900원

어른을 위한 두뇌 놀이 책 플러스

개러스 무어 지음 | 정아림 옮김
112쪽 | 12,000원

어른을 위한 두뇌 놀이 책 도전편

개러스 무어 지음 | 정아림 옮김
168쪽 | 13,000원

어른을 위한 두뇌 놀이 책
스도쿠 초중급편

퍼즐 스튜디오 와사비 지음 | 김진아 옮김
164쪽 | 10,000원

어른을 위한 두뇌 놀이 책
스도쿠 고급편

퍼즐 스튜디오 와사비 지음 | 김진아 옮김
164쪽 | 10,000원